LiteraNova

Herausgegeben von Helmut Flad

Unterrichtsmodelle mit Kopiervorlagen

Andrea Maria Schenkel
Tannöd

Erarbeitet von Theo Herold

Inhalt

Vorwort 3

Einstieg 4
   Atemlos 4
   Das Filmplakat 6

Die Tat 8
   „Unter großer Anteilnahme der Bevölkerung…" 8
   „In der Einöde Tannöd, Gemeinde Einhausen…" 10
   Erste Ermittlungen 12

Fragen und Antworten 14
   Ein/e Ich-Erzähler/in stellt sich vor 14
   Betty, 8 Jahre 16
   Ein Mosaik von Antworten 18

Was „wirklich" geschah 20
   Ein Augenzeuge 20
   Die Opfer 22
   Der Täter 24

Schlimme Jahre und alte Geschichten 26
   Fremdarbeiter und Flüchtlinge 26
   „Arbeiten muss man überall" 28
   „Langsam geht es bergauf" 30

Schuld und Vergebung 32
   „Herr, erbarme dich unser!" 32
   „Beichten muss er" 34

Eine Autorin und ihr Romandebüt 36
   Ein Treffen mit Andrea Maria Schenkel 36
   Stationen eines Erfolgs 38
   Fragen an die Lektorin 40

Projektvorschläge 42
   Die Brücke – ein Antikriegsfilm 42
   Zwei ungewöhnliche Kriminalromane 44

Vorschläge für Klassenarbeiten und Klausuren 46

Quellenverzeichnis, Literatur- und Medienhinweise 48

Vorwort

Tannöd ist in mehrfacher Hinsicht ein ungewöhnlicher Roman. Die Autorin, Ehefrau eines Arztes und Mutter von drei Kindern, ist 44 Jahre alt, als sie ihr erstes Buch veröffentlicht. Und dieses literarische Debüt wird rasch zum Bestseller. Es folgen literarische Auszeichnungen, eine Empfehlung in Elke Heidenreichs Buchmagazin „Lesen!" und mehrfache Berichte über die Autorin in der Presse und im Fernsehen. Die im November 2009 erschienene Verfilmung des Romans bildet den vorläufigen Höhepunkt dieser Erfolgsgeschichte.

Der Roman erzählt die Geschichte eines schrecklichen Verbrechens: Sechs Menschen werden in einer Nacht auf einem einsam gelegenen Bauernhof in der Nähe eines Dorfes in der Oberpfalz brutal ermordet, zwei Kinder im Alter von zwei und acht Jahren, die Mutter und deren Eltern sowie eine Magd, die am Tage zuvor erst ihren Dienst angetreten hat. Der Roman deckt auf, wie es zu diesem Verbrechen kam, und folgt insofern gängigen Erwartungen gegenüber dem Kriminalroman.

Andrea Maria Schenkel übernimmt den Plot von einem Fall, der sich 1922 in dem oberbayerischen Dorf Hinterkaifeck ereignet hat und der trotz aller Bemühungen der Polizei bis heute unaufgeklärt blieb. Der Fund der Leichen, die Anzahl der Opfer und der einsam gelegene Bauernhof als Tatort – dies sind die Vorgaben, die die Autorin aus dem realen Fall übernimmt, allerdings verlegt sie das Geschehen in die 50er Jahre und an einen fiktiven Ort mit dem Namen Tannöd.

Auch wenn der Handlungskern entsprechende Erwartungen weckt, folgt *Tannöd* nicht dem üblichen Muster eines Kriminalromans. Auf den ersten Blick mag man das Fehlen einer Detektivfigur, die den Fall aufklärt, für den wesentlichen Unterschied halten. Die Polizei kommt zwar vor, aber sie spielt keine besondere Rolle. Das ist sicher eine ungewöhnliche Entscheidung der Autorin. Der zweite bedeutsame Unterschied besteht jedoch in der besonderen Erzählweise. Wer den Roman liest, sieht sich schon auf den ersten Seiten ganz unterschiedlichen Erzähler/inne/n gegenüber: zu Beginn ein fiktiver Ich-Erzähler, dann Romanfiguren, die aus der Ich-Perspektive über die Vorgänge und Hintergründe des Geschehens berichten, oder ein anonym bleibender Erzähler, der aufdeckt, was der Täter, die Opfer und ein Tatzeuge vor, während und nach der Tat denken und tun.

In diesem Nebeneinander unterschiedlicher Erzählperspektiven liegt nicht nur der literarische Reiz dieses Romans, hierin steckt auch ein besonderes didaktische Potenzial. Für Schülerinnen und Schüler mag die Lektüre trotz des geringen Umfangs vielleicht nicht ganz einfach sein. Aber es lohnt sich, wenn sie sich auf die unterschiedlichen „Erzählerstimmen" einlassen und sie wie „Mosaiksteine" zu einem Gesamtbild zusammensetzen. Auf diese Weise wird das Interesse nahezu von selbst auf die besondere Art der erzählerischen Vermittlung des Geschehens gelenkt.

Die Lektüre des Romans empfiehlt sich ab Klasse 10. Dort wird nicht zuletzt auch das Hintergrundwissen um die Kriegs- und Nachkriegsjahre in Deutschland vermittelt.

Das vorliegende Heft versucht für diesen Leseprozess Hilfen und Anregungen zu geben. Für den Einstieg empfiehlt es sich, bei den ersten Leseeindrücken, die durchaus kontrovers sein können, anzusetzen, sie in der Klasse auszutauschen und damit bewusst zu machen. Die Einbeziehung des Filmplakats zu diesem Zeitpunkt bringt die Verfilmung der Geschichte in den Blick.

Die weiteren Kapitel orientieren sich an Fragen, die für den Roman wie für den Leseprozess von zentraler Bedeutung sind: die Tat und erste Ermittlungen, die Befragungen im Ort und die Aufklärung des Verbrechens durch einen anonymen Erzähler. Die folgenden Kapitel behandeln Aspekte, die für das Gesamtverständnis wichtig sind: die Einbettung des Geschehens in den zeitgeschichtlichen Hintergrund und die Schuldfrage. Auch die Erfolgsgeschichte dieses Romandebüts wird thematisiert. Vorschläge für zwei Unterrichtsprojekte und für Klassenarbeiten bzw. Leistungskontrollen schließen sich an.

Zitiert wird nach der Ausgabe, die im btb-Verlag in der Verlagsgruppe Random House GmbH 2008 in München erschienen ist. © Edition Nautilus, Hamburg 2006.

Einstieg

Atemlos

http://www.amazon.de/review/R1IXGD65WBBM48/ref=cm_srch_res_rtr_alt_1 (Stand: 6.10.2009)

1 whodunit (verkürzt nach dem engl. „Who has done it?"):
  eine besondere Form der Detektivgeschichte, in der auch
  die Lesenden alle Informationen zur Aufklärung des Verbrechens erhalten

Regelmäßig erscheinen bei Amazon Kundenrezensionen zu aktuellen Titeln.

1 Vergleichen Sie die dargestellten Leseerfahrungen mit ihren eigenen.
Inwieweit können Sie dem/der Autor/in zustimmen? Wo sind Sie anderer Meinung?

2 Amazon ermöglicht es den Nutzern dieser Seite, die Kundenrezension zu kommentieren.
Verfassen Sie zu diesem Zweck einen Kurzkommentar zu der Wertung.

3 Ein Roman wie *Tannöd* scheint die Leserschaft zu spalten.
a Führen Sie in Ihrer Gruppe eine entsprechende Befragung durch.
Werten Sie das Ergebnis aus: Wie fällt die Bewertung nach Sternen in Ihrer Gruppe aus?
b Ermitteln Sie im Internet die aktuellen Bewertungszahlen für *Tannöd* und vergleichen Sie
die Entwicklung mit den oben aufgeführten Zahlen.

Einstieg

Atemlos

Die folgenden Vorschläge gehen davon aus, dass die Schülerinnen und Schüler den Roman gelesen haben, bevor die unterrichtliche Erarbeitung beginnt. Sie werden, so ist zu vermuten, ganz unterschiedliche Leseerfahrungen mitbringen und die Bereitschaft, diese Erfahrungen auszutauschen und zu diskutieren. Es ist daher naheliegend, für den Einstieg ein Verfahren aufzugreifen, das auch der Internet-Anbieter Amazon seiner Kundschaft ermöglicht, nämlich Leseeindrücke als Kurzrezensionen ins Netz zu stellen, die von anderen genutzt und kommentiert werden können.

1 Die ausgewählte Kundenrezension zu Andrea Maria Schenkels *Tannöd*-Roman enthält eine ausgesprochen positive Bewertung. Der/die Verfasser/in gibt individuelle Leseerfahrungen wieder und tut dies so, dass man die darin enthaltene Bewertung des Romans gut nachvollziehen kann. Das heißt nicht, dass man sie teilen muss. Ob die Frage nach der Identität des Mörders, wie hier unterstellt, bei der Lektüre „nicht im Vordergrund" steht, entscheidet jede Leserin und jeder Leser für sich. Ähnliches gilt für den Hinweis auf die Funktion von „Gerücht" und „Tratsch". In diesem Zusammenhang von einem „Protagonisten" zu sprechen, werden die Schülerinnen und Schüler zumindest als ungewöhnlich erkennen. Auch die These von der Lektüre „in einem Atemzug" kann nicht einfach verallgemeinert werden. Hier spielen situative Faktoren beim Lesen und die innere Einstellung gegenüber dem Leseangebot sicher eine größere Rolle, als der/die Verfasser/in anzunehmen scheint.

2 Wie der in der Aufgabe geforderte Kurzkommentar ausfällt, hängt natürlich von der eigenen individuellen und subjektiven Bewertung des Romans ab. Wer die Rezensenten-Einschätzung teilt, kann weitere Argumente anführen (z. B. Besonderheiten der Erzähltechnik oder der Personengestaltung). Wer anderer Meinung ist, kann z. B. kritische Fragen (etwa nach der Funktion der eingestreuten Litaneiabschnitte) stellen.
Man kann sicher auch die eine oder andere Ungenauigkeit, die in der Rezension enthalten ist, aufgreifen, z. B. die These, der „noch unbekannte Täter" agiere in „Befragungen". Damit wird der Wechsel zwischen dem „Agieren" des Ich-Erzählers, der den Menschen im Dorf seine Fragen stellt, und den Kapiteln, in denen ein anonymer Erzähler „agiert", nicht berücksichtigt.

3 Wie die Übersicht über die unterschiedlichen Bewertungen zeigt, ist die Verteilung von einem Stern bis zu fünf Sternen breit gestreut. Es gibt im Lager der Amazon-RezensentInnen eine deutlich führende Gruppe, die mit dem Roman offenbar wenig anfangen kann. Und hier ist man auch nicht kompromissbereit. Für zwei Sterne entscheiden sich deutlich weniger, während die Stimmen in der oberen Hälfte relativ gleich verteilt sind. Man kann fragen, wie sich diese stark divergierenden Meinungen erklären lassen. Liegt es doch an den zumeist festen Erwartungen gegenüber einem Kriminalroman, die von *Tannöd* nicht oder nur zum Teil erfüllt werden? Oder ist es die dörflich-ländliche Welt, zehn Jahre nach dem Ende des Zweiten Weltkriegs, mit diesen merkwürdigen Menschen, die den heutigen Leserinnen und Lesern doch recht fremd erscheint?

a Die hier angeregte Aufgabe zur Bewertung des Romans nach der Erstlektüre sollte man vielleicht zusammen mit dem Leseauftrag stellen. Dann können die Ergebnisse mit jenen der hier abgedruckten verglichen werden. Ansonsten besteht natürlich die Gefahr, dass die Schülerinnen und Schüler sich von der vorliegenden Verteilung und Gewichtung in ihrem eigenen Urteil beeinflussen lassen.

b Wie sich die aktuellen Bewertungszahlen entwickeln, ist eine Frage, die vor allem dann interessant wird, wenn andere Ereignisse (wie z. B. die Romanverfilmung und das Echo darauf) hinzutreten, die sich sowohl auf die Verkaufszahlen wie auch auf die Bewertung des Romans auswirken können.

Einstieg

Das Filmplakat

Zum Kinostart der Romanverfilmung erschien dieses Filmplakat.

1 Beschreiben Sie den Aufbau des Filmplakats und bestimmen Sie die Funktion der zentralen Bild- und Textelemente.

2 Welche Szene im Verlauf der Romanhandlung wird wiedergegeben und welche Wirkung auf die Betrachtenden hat diese Darstellung?

3 Ordnen Sie die Filmfigur den übrigen Personen des Romans zu. Gruppieren Sie die Personen nach den folgenden Gesichtspunkten: die Opfer – Bauern und ihre Familien – Amtspersonen – die Übrigen.

4 Erläutern Sie an Beispielen die Beziehungen zwischen einzelnen Romanfiguren, die für die Romanhandlung besonders wichtig sind.

© 2009 Cornelsen Verlag, Berlin

Einstieg

Das Filmplakat

Die Funktion des Plakats als Blickfang für die Betrachtenden soll hier als zusätzlicher Einstieg für die Romanhandlung genutzt werden. Auf diese Weise kann das Interesse für die sich anschließende Romananalyse verstärkt werden.

1 Was fällt den Betrachtenden auf diesem Plakat zuerst auf? Ist es der fettweiß gesetzte Filmtitel im unteren Textblock oder sind es doch einzelne Bildelemente wie das von oben in den Waldweg hereinbrechende Licht und die Gestalt der auf die Betrachtenden zulaufenden jungen Person? Der untere Textblock und die Namen der drei Hauptdarsteller/innen am oberen Bildrand geben dem Plakat eine Art Rahmen. Der untere Textblock ist über einen dunklen Waldweg gesetzt, der im Vordergrund über die ganze Bildbreite verläuft und nach hinten rechts im Bildhintergrund verschwindet. Rechts und links begrenzen dunkle und dicht stehende Tannen den Weg, durch die sich das von oben hereinfallende Tageslicht nur in einem schmalen Streifen durchsetzen kann. Mit diesem Licht im Rücken rennt ein junger Mann auf die Betrachtenden zu, den Mund im lauten Schrei weit geöffnet. Etwa auf gleicher Höhe ragt von links ein Holzkreuz mit der Figur des gekreuzigten Christus in das Bild hinein. Insgesamt setzt das Plakat die in dem Filmtitel steckenden Assoziationen (eine Einöde, von dicht stehenden Tannen umschlossen) in ein aussagekräftiges Bild um. Das von oben herabfallende Licht bringt zwar nur wenig, aber doch genügend Licht ins Dunkel und verweist damit auf die bevorstehende Entdeckung des Verbrechens. Das Kreuz wiederum (ein Mahnkreuz?) macht zusätzlich klar, dass diese Einöde alles andere als eine friedvolle Idylle ist.

2 Das Filmplakat greift jene Szene im Roman heraus, in der der dreizehnjährige Hansl Hauer vom Tannödhof nach Hause rennt, um den Vater und die Tante zu verständigen, dass auf dem Hof etwas passiert sein muss. Noch weiß der Junge zwar nicht, was geschehen ist, aber ihm ist klar, dass „alles so anders war als sonst" (S. 67). Ihm ist ganz „unheimlich" zu Mute und auf dem Weg zum Sterzerhof schreit er vor lauter Aufregung schon von Weitem los. Das Filmplakat bringt diese innere Unruhe des Jungen, die Ahnung, dass etwas Entsetzliches auf dem Hof, der hinter seinem Rücken liegt, passiert sein muss, gut zum Ausdruck.

3 Die auf dem Plakat dargestellte Filmfigur ist Hansl Hauer. Er lebt zusammen mit seinem Vater und seiner Tante Anna auf dem väterlichen Bauernhof in unmittelbarer Nachbarschaft zum Hof der Danners. Seit sechs Jahren, zuerst während der schweren Krankheit der Mutter, dann nach deren Tod, betreut und versorgt seine Tante, die Schwester seiner Mutter, den Haushalt.
Maria Sterzer und ihr Mann Johann, der Bauer von Obertannöd, bilden zusammen mit ihrer Tochter Dagmar und deren Verlobten Alois Huber eine weitere Bauernfamilie neben den Danners, den Opfern des Verbrechens.
Zu den „Amtspersonen" gehören der Lehrer Müllner, der Bürgermeister Meier und der Pfarrer Meißner, vielleicht auch noch der Postschaffner Eibl.
Der Monteur Kurt Huber, der Gelegenheitsarbeiter Mich Baumgartner, die achtjährige Betty mit ihrer Tante Lisbeth und ihrer Mutter, die Beamtenwitwe Babette Kirchmeier, Traudl Krieger mit ihrem Mann und zwei Kindern, Anna Hierl, die auf dem Dannerhof als Magd arbeitete, die Kramerin Anna Meier und die Pfarrersköchin Maria Lichtl gehören zu den übrigen Romanfiguren.

4 Geht man von dem Verbrechen aus, dann ist zweifellos Georg Hauer die Hauptfigur. Seine Beziehung zu Barbara Spangler, die kurz nach dem Tod seiner Frau beginnt, bildet das entscheidende Beziehungsdrama im Roman.
Eine weitere wichtige Beziehung ist die zwischen Barbara Spangler und ihrem Vater. Barbara ist über Jahre hinweg Opfer der Vergewaltigungen durch den Vater. Hier liegt die Wurzel für ihre gestörte Beziehung zu Männern, die sich dann auch in ihrem Verhalten gegenüber Georg Hauer bemerkbar macht und die zum Auslöser des Verbrechens wird. In dieses Umfeld gehört auch die problematische Beziehung der alten Dannerin zu ihrem Mann.
Weitere Beziehungen werden im Roman hervorgehoben, auch wenn sie für die Handlung nicht von entscheidender Bedeutung sind, z.B. Bettys Freundschaftsbeziehung zu Marianne oder Barbaras Beziehung zum Pfarrer bzw. dessen Beziehung zur gesamten Familie Danner.

Die Tat

„Unter großer Anteilnahme der Bevölkerung …"

Opfer des Mordhofes von Tannöd beigesetzt
Zu Tätern und Motiv weiterhin kein Hinweis

Einhausen/Opf. – Unter großer Anteilnahme der Bevölkerung wurden am Montag die in der Einöde Tannöd, Gemeinde Einhausen, ermordet aufgefundenen Mitglieder der Familie Danner beigesetzt.

Die Tat habe quälende Fragen aufgeworfen, sagte Pfarrer Hans-Georg Meißner bei der Trauerfeier vor mehr als 400 Gästen.

„Wir bleiben zurück in Schmerz und Trauer. Wir stehen fassungslos über diese ruchlose Tat am offenen Grabe."

Wie bereits berichtet, wurden am vergangenen Dienstag die Leichen des Landwirts Hermann Danner sowie seiner Frau Theresia, seiner Tochter Barbara Spangler, deren Kinder Marianne und Josef und die der als Magd auf dem Anwesen beschäftigten Maria Meiler aufgefunden.

Alle Personen starben laut vorliegendem Obduktionsbericht durch massive Gewalteinwirkung im Kopfbereich, vermutlich benützten der oder die Täter als Waffe eine am Tatort aufgefundene Spitzhacke.

Die Art der Verletzungen lässt dies laut Stellungnahme der zuständigen Polizei vermuten. Die ermittelnden Beamten vor Ort zeigten sich von der Brutalität, mit der die Schläge ausgeführt wurden, erschüttert.

Die Leichen des Ehepaares Danner sowie ihrer Tochter Barbara und der Enkeltochter Marianne wurden von Nachbarn im Stadel des Anwesens, unter einem Strohhaufen verborgen, entdeckt.

Die Leichen der weiteren auf dem Hof ermordeten Personen wurden im Wohnhaus aufgefunden.

Die Familie lebte zurückgezogen auf dem Anwesen. Maria Meiler hatte ihre Arbeitsstelle als Magd auf dem Anwesen erst vor Kurzem angetreten.

Laut Angaben der zuständigen Polizeidienststelle wurden die oben genannten Personen vermutlich in der Nacht vom 18.03. auf den 19.03. ermordet. Diese Vermutung bestätigte auch der vorliegende Obduktionsbericht.

Bei der ermordeten Barbara Spangler fanden sich zudem Würgespuren am Hals.

Es ist nicht auszuschließen, dass es sich bei der Tat um einen Raubmord handelt.

Laut Angaben der Nachbarn war die zurückgezogen lebende Familie nicht unvermögend.

Es sollen sich größere Mengen Bargeld, Schmuck und Wertpapiere im Haus befunden haben.

Angeblich wurden die Schränke im Schlafzimmer des Hauses durchwühlt.

Von den Tätern fehlt jedoch jede Spur.

Tannöd, S. 103f.

---

1 Wie ist der Bericht aufgebaut?
a Wie viele Teile lassen sich unterscheiden?
b Welche Funktion erfüllen die Teile in diesem Bericht?

2 Untersuchen und bestimmen Sie den sprachlichen Stil dieses Presseberichts.

3 Stellen Sie sich vor, der Bericht liegt Ihnen in der Redaktion der Tageszeitung zur Bearbeitung vor.
a Sie müssen aus Umfangsgründen kürzen oder ergänzen. Welche Möglichkeiten sehen Sie?
b Vielleicht wollen Sie auch einzelne Formulierungen ändern. Welche beispielsweise?

4 „Wie bereits berichtet …" Entwerfen Sie einen Bericht, wie er noch am Tag der Entdeckung der Tat für die regionale Zeitung hätte verfasst werden können.
a Klären Sie den zeitlichen Ablauf: die Tat – die Entdeckung der Tat – die Beisetzung.
b Was ist am Abend nach der Entdeckung der Tat schon bekannt?

5a Wie stellen Sie sich die Arbeit des im Ort recherchierenden Journalisten vor?
b Was erfährt man über seine Arbeit im Roman? Wie reagiert die Bevölkerung?

6 Stellen Sie sich vor, das in *Tannöd* geschilderte Verbrechen sei heute geschehen.
a Wie würden die Medien (regionale und überregionale Printmedien und Fernsehsender) darüber berichten?
b Diskutieren Sie Möglichkeiten und Grenzen einer in Ihren Augen angemessenen journalistischen Berichterstattung.

Die Tat

„Unter großer Anteilnahme der Bevölkerung …"

Nicht nur für die Menschen in diesem Dorf, auch für die Lesenden steht die Frage nach der Tat im Vordergrund des Interesses. Es ist daher naheliegend, diesen Aspekt auch im Unterricht in einem ersten Schritt zu betrachten. Dazu ist der im Roman präsentierte Pressebericht (S. 103 f.) geeignet, weil er in knapper Form die in diesem Zusammenhang wesentlichen Hinweise zusammenfasst.

1a/b Der Bericht ist erkennbar in mehrere Teile gegliedert. Nach der Doppelüberschrift informiert zunächst der erste Satz und Absatz über den aktuellen Anlass dieser Nachricht, die Beisetzung der Opfer. Die Auszüge aus der Trauerrede des Pfarrers dienen dazu, die voranstehende Nachricht durch eine persönliche Stimme zu ergänzen. Die indirekt und direkt zitierten Sätze aus dieser Rede bringen auf ihre Weise die Betroffenheit und das Entsetzen über dieses Verbrechen zum Ausdruck. Danach folgen in einem umfangreicheren Schlussteil die bis zu diesem Zeitpunkt bekannten Fakten der Ermittlungen. Dabei stützt sich der Bericht einmal auf die Angaben der Polizei, zum andern auf eigene Befragungen im Umkreis des so genannten „Mordhofes". In diesem Zusammenhang werden dann auch Vermutungen über den Hintergrund des Verbrechens (Raubmordthese) weitergegeben.

2 Der Pressebericht ist in wesentlichen Teilen um eine sachliche Wiedergabe bemüht. Über die vier großen Ws (Was? Wer? Wann? Wo?) wird knapp, prägnant und unter Verzicht von persönlichen Wertungen berichtet. Eine Ausnahme bildet sprachlich die Benennung des Tatortes in der Überschrift. Der Begriff „Mordhof" ist deutlich affektiv gefärbt und umgibt den Tatort mit dem Hauch des Gruseligen und Geheimnisvollen. Auch die zitierten Passagen aus der Rede des Pfarrers lockern den ansonsten vorherrschenden Ton sachlicher Wiedergabe auf.

3a/b Es hängt mit dem „kopflastigen" Aufbau des Berichts zusammen, dass Kürzungen besonders leicht vom Ende her möglich sind. Das Prinzip „Das Wichtigste zuerst!" führt dazu, dass der so genannte „Nachrichtenkopf" durch Zusatzinformationen ergänzt wird und – je nach Bedarf – Kürzungen am Ende möglich macht. Vermutlich würde eine Zeitungsredaktion dieser Lösung den Vorzug geben, obwohl auch eine Kürzung bzw. Streichung der Passagen aus der Rede des Pfarrers denkbar wären.
Sollte die Redaktion andererseits dem Artikel mehr Umfang zugestehen, wäre eine genauere Berichterstattung über die Beisetzung vorstellbar. Entsprechende Hinweise finden sich z. B. in den Aussagen der Kramerin (S. 99).

4a Das Verbrechen, begangen in der Nacht vom Freitag auf Samstag, wird erst vier Tage später, am Dienstagnachmittag entdeckt. Es ist also denkbar, dass ein erster Bericht über die Tat am folgenden Tag hätte erscheinen können, ein weiterer dann einen Tag später entsprechend ausführlicher.

b Am Abend nach der Entdeckung der Tat ist die Zahl und Identität der Opfer bekannt, der Fundort der Leichen und dass es sich um einen brutalen Mord handelt. Möglicherweise macht auch schon die Annahme, es könne sich um Raubmord handeln, die Runde. Vorschläge für eine Überschrift (etwa: Brutaler Mord in Tannöd. Sechs Menschen sterben) können gesammelt und verglichen werden. Aus dem vorliegenden Bericht können einige Formulierungen (etwa ab Zeile 8) übernommen werden.

5a „Der von der Zeitung", wie die Kramerin etwas abfällig sagt, macht offenbar im Dorf die Runde, um Genaueres über die Familie Danner zu erfahren.

b Die Einwohner im Dorf erleben mit zwiespältigen Gefühlen, wie ihr Ort durch die Berichterstattung über das Verbrechen plötzlich in den Mittelpunkt des Interesses rückt. Am deutlichsten zeigt der Bürgermeister, dass er wenig erbaut davon ist, dass die Ruhe in der Gemeinde auf diese Weise gestört wird und dass viele alte Geschichten wieder ans Licht gezerrt werden.

6a/b Vermutlich kennen die Schülerinnen und Schüler Beispiele aus jüngerer Zeit, wie die Medien, insbesondere das Fernsehen, über spektakuläre Verbrechen berichten. Kamerateams vor Ort, Opfer oder Angehörige im Blitzlichtgewitter, Übertragungswagen, Pressekonferenzen und dergleichen mehr verdeutlichen den ungeheuren medialen Aufwand der Berichterstattung.
Dabei hat einerseits die Öffentlichkeit ein Recht darauf, informiert zu werden, andererseits aber hat die Berichterstattung auch die Rechte der Opfer auf Persönlichkeitsschutz zu beachten. In diesem Zwiespalt kommt es immer wieder zu „Verletzungen", indem aus Gründen der Quoten- und Auflagensteigerung die Befriedigung der Bedürfnisse nach Sensationsgier in den Vordergrund rückt.

Die Tat

„In der Einöde Tannöd, Gemeinde Einhausen …"

Der Einödhof im Film

In den ersten Zeitungsberichten werden der Tatort („Mordhof") und das Dorf („Morddorf") besonders hervorgehoben.

1 Tatort im engeren Sinn ist der Einödhof Tannöd.
a Informieren Sie sich über die Bedeutung des Begriffs Einödhof.
b Welche Assoziationen verbinden Sie mit dem Wort „Tannöd"?

2 Prüfen Sie, welche Kapitel des Romans Hinweise auf diesen Hof enthalten.
a Was erfährt man über die Lage des Hofs und dessen Entfernung zum Dorf?
b Welche Hinweise finden sich über die einzelnen Wohn- und Wirtschaftsräume?
c Versuchen Sie Ihre Vorstellungen in einer Skizze zusammenzufassen.

3 Wie denken die Menschen im Dorf über den Dannerhof?

4 Tatort im weiteren Sinn ist die nähere Umgebung mit einigen Nachbarschaftshöfen und die Gemeinde Einhausen. Welche Hinweise enthält der Roman über diese Gegend? Was erfährt man über das Dorf und die umliegenden Bauernhöfe?

5 „Mordhof" bzw. „Morddorf" sind ungewöhnliche Wortbildungen.
a Vergleichen Sie mit „Hof (bzw. Dorf), in dem die Morde verübt wurden".
b Wie reagieren die Menschen im Dorf auf diese Bezeichnungen?

6 In einer Romanverfilmung spielt der Tatort ebenfalls eine wichtige Rolle.
Als Erster wird der Bürgermeister zum Tatort gerufen. Stellen Sie sich vor, die Filmkamera begleitet ihn auf seinem Weg dorthin. Sie wollen diese Szene möglichst textnah umsetzen. Wie können Sie deutlich machen, dass der Zweite Weltkrieg knapp zehn Jahre vorbei ist?
a Der Bürgermeister und der dreizehnjährige Hansl Hauer: Wie sind die Personen gekleidet?
b Welches Auto fährt wohl der Bürgermeister?
c Wo beginnt, wo endet die Fahrt?

Die Tat

„In der Einöde Tannöd, Gemeinde Einhausen …"

1a Ein Einödhof ist in Bayern ein inmitten seiner Felder liegender landwirtschaftlicher Betrieb mit höchstens zwei Wohnhäusern. Ansiedlungen mit bis zu zehn Wohnhäusern werden Weiler genannt. Dörfer sind die entsprechend größeren Einheiten.
b Mit „öde" verbindet man die Vorstellungen von einsam, abgelegen. Die Tanne bzw. der Tannenwald lässt sich als dunkle Begrenzung denken, die die Einöde nach außen abschottet und dadurch den Charakter der Einsamkeit noch verstärkt.

2a Traudl Krieger (S. 24 ff.) braucht für den Weg zum Hof (vom Dorf?) mehr als anderthalb Stunden, der Monteur mit dem Fahrrad fast eine Stunde (S. 41). Der Dannerhof liegt also vom Dorf mehrere Kilometer entfernt.
b Der Hof besteht aus einem Wohnhaus mit Flur, Küche und vier Schlafräumen, einem Stall mit dem Vieh, einem angrenzenden Heustadl (von dort gelangt man auch auf den Dachboden) und einem angebauten Maschinenhaus. Von einer Gartenpforte führt ein Weg direkt zur Tür des Wohnhauses.
c Dieses Gesamtbild des Bauernhofs müsste in einer Skizze zum Ausdruck kommen.

3 Mehrere Stimmen verdeutlichen, dass das Gehöft insgesamt einen düsteren, etwas verwahrlosten Eindruck macht (so etwa Traudl Krieger oder der Monteur Huber über die Wohnküche). In den Augen der Menschen im Dorf hat der Hof eine dunkle Geschichte, mit der Familie will man möglichst wenig zu tun haben. Erinnerungen an den mysteriösen und ungeklärten Selbstmord der polnischen Fremdarbeiterin in den Kriegsjahren wirken immer noch nach. Normale nachbarschaftliche Beziehungen scheint es nicht zu geben. Der Einzige, der den Hof besucht, ist Georg Hauer, der nach dem Tod seiner Frau mit der Danner-Tochter ein Verhältnis beginnt.

4 Der Hof des Bauern Hauer ist der nächstgelegene, etwa zehn Minuten Fußweg vom Dannerhof entfernt. Ein weiterer Hof in Obertannöd wird von Johann Sterzer und seiner Familie bewirtschaftet. Ob auch die achtjährige Betty mit ihrer Mutter auf einem Bauernhof lebt (sie spricht von „einer Wiese hinter unserm Hof", S. 12) bleibt offen.

Über das Dorf erfahren die Lesenden nur wenig. Es gibt eine Kramerin, bei der die Menschen das Nötigste einkaufen, es gibt ein Eisenwarengeschäft (S. 57) und eine Firma, die Landmaschinen repariert. Ansonsten gibt es einen Bürgermeister, einen Pfarrer und einen Lehrer, es gibt den sonntäglichen Gottesdienst, den man selbstverständlich besucht, und man feiert Feste wie die „Dult" (ein Jahrmarktsfest in Bayern).

5a „Mordhof" ist eine ungewöhnliche Wortbildung. Sie bringt den Tatort in einen direkten Zusammenhang mit den Morden, die hier begangen wurden. Offensichtlich wird in einem anderen Pressebericht auch der Ort Einhausen als „Morddorf" bezeichnet (vgl. S. 5), sodass dieser Zusammenhang gleich auf die ganze Gemeinde ausgeweitet wird.
b Im Unterschied zu einer sachlichen Bezeichnung des Ortes, in dem ein Verbrechen begangen wurde, werden durch diese Wortbildungen der Tatort und ein ganzes Dorf dämonisiert. Kein Wunder, dass die Menschen im Dorf über diese Art der Berichterstattung erschrecken (auch wenn sie dieses Erschrecken sicher nicht argumentieren können).

6a Eine Romanverfilmung wird alle Mittel nutzen, um das zeitgeschichtliche Kolorit angemessen ins Bild zu rücken. Die ländliche Welt der 50er Jahre muss entsprechend inszeniert werden. Hier bleibt den Schülerinnen und Schülern nur die Möglichkeit, sich in entsprechenden Fotobänden ein erstes Bild darüber zu machen (vgl. Literaturliste S. 29, Aufg. **3b**).
Der Bürgermeister ist als Amtsperson vielleicht in einem Anzug, möglicherweise trägt er sogar eine Krawatte. Darüber eine abgetragene Jacke gegen Wind und Wetter. Der dreizehnjährige Junge kennt vermutlich noch keine Jeans und Sweatshirts, eine alte Hose, aus der er inzwischen herausgewachsen ist, halb hohe, derbe Schuhe und ein Wollpullover könnten das Gesamtbild ergänzen.
b Ein VW-Käfer käme z. B. infrage.
c Schließlich die Stationen der Fahrt: Es geht dort los, wo der Bürgermeister seinen Amtssitz hat. Im Bild erscheint die Dorfstraße (vielleicht gepflastert), einige Häuser. Dann geht die Fahrt aus dem Dorf hinaus durch die Felder bis hin zum Dannerhof.

Die Tat

Erste Ermittlungen

Andrea Maria Schenkel

Franz-Xaver Meier, *47 Jahre, Bürgermeister*

So gegen fünf Uhr ist der Hauer Hansl zu mir gekommen. Völlig außer Rand und Band war er.
Beim Danner habens alle erschlagen, hat er gerufen. Alle sinds mausetot. Immer wieder hat er gerufen: „Alle habens erschlagen. Alle sind tot."
Ich solle sofort die Polizei anrufen. Was ich selbstverständlich umgehend gemacht habe.
Mit dem Hansl bin ich im Auto zum Anwesen der Familie Danner gefahren. Dort traf ich auf den Georg Hauer, den Vater vom Hansl, und den Johann Sterzer, sowie den Alois Huber, den zukünftigen Schwiegersohn vom Sterzer, der als Knecht bei ihm arbeitet.
Nach einer kurzen Unterredung mit den drei Anwesenden habe ich auf eine Besichtigung des Tatortes verzichtet.
Kurze Zeit später trafen bereits die Beamten der Polizei vor Ort ein und ich wähnte meine Anwesenheit nicht mehr als erforderlich. Mehr kann ich zur Aufklärung des schauerlichen Verbrechens nicht beitragen.

Natürlich war ich schockiert, das ist gar keine Frage. Aber es ist Aufgabe der zuständigen Behörde, in diesem Fall der Polizei und nicht meine eigene, das Vorgefallene aufzuklären.
Das, in fast denselben Worten, habe ich auch dem Journalisten der Zeitung erzählt.
Ach, fangen Sie doch jetzt nicht auch noch an mit der Geschichte über die Fremdarbeiterin. Darüber kann ich Ihnen gar nichts sagen. Die Unterlagen über diesen Vorfall gingen leider '45 verloren. Mein Amtsvorgänger könnte Ihnen da mehr erzählen, wenn er denn noch am Leben wäre.
Damals war ich in französischer Kriegsgefangenschaft.
Als im April '45 die Amerikaner kamen und uns befreiten, war ich noch nicht zu Hause. Die haben das Haus des damaligen Bürgermeisters und das Rathaus beschlagnahmt. Sie bezogen in diesen Häusern vorübergehend Quartier. Als sie wieder abzogen, waren die Häuser verwüstet.

Tannöd, S. 84 f.

Ein Verbrechen wird entdeckt und die Polizei wird gerufen. Am Tatort beginnen erste Ermittlungen.

1 Welches Bild vom Bürgermeister gewinnt man in dieser Befragung?

2 Eine Verfilmung des Tannöd-Falls könnte z. B. so anfangen:
Vor dem Dannerhof warten die drei Bauern, der Bürgermeister trifft ein, wenig später die Polizei ...
Skizzieren Sie für ein mögliches Drehbuch diese Szenen so, dass Ihre Vorstellungen über die filmische Umsetzung deutlich werden.

3 Im Unterschied zum Roman wird ein Drehbuch das Eintreffen der Polizei und die ersten Maßnahmen am Tatort sehr viel genauer darlegen. Wie stellen Sie sich diese Szenen vor?
a Die Polizei erscheint mit mehreren Beamten. Einer leitet die Ermittlungen. Was tut er?
b Erste Fragen müssen geklärt werden. Was will die Polizei wissen?

4 Wie könnte die Polizei am Abend des ersten Ermittlungstages die Ergebnisse zusammenfassen?

5 In diesem frühen Ermittlungsstadium gibt es rasch den Verdacht, dass es sich um einen Raubmord handle.
a Was spricht für, was gegen eine solche Annahme?
b Ein Raubmord oder eine Beziehungstat? Zeigen Sie, welche Konsequenzen solche Annahmen für die weiteren Ermittlungen haben könnten. Warum favorisieren Nachbarn und Dorfbewohner die These vom Raubmord?

6 Welche Ergebnisse hat die Obduktion, also die gerichtlich angeordnete Untersuchung der Toten?
Fassen Sie zusammen, was die Polizei der Presse darüber mitteilt.

© 2009 Cornelsen Verlag, Berlin

Die Tat

Erste Ermittlungen

Wenn im Kriminalroman nach einem Verbrechen die Polizei gerufen wird und mit ihrer Arbeit beginnt, dann bestimmen in der Regel diese Ermittlungen den weiteren Verlauf der Handlung. Das ist in *Tannöd* nicht der Fall. Die Polizei wird zwar gerufen, es gibt auch Stellungnahmen und Verlautbarungen für die Presse, sogar die Ergebnisse einer Obduktion werden mitgeteilt, das ist dann aber schon alles, was die Lesenden über die Versuche, den Fall aufzuklären, erfahren.

1 Der Bürgermeister gibt sich – auch sprachlich – ganz als Amtsperson. Er hat natürlich „umgehend" die Polizei verständigt, nachdem er von dem Verbrechen erfahren hat, und sich mit dem Auto auf den Weg „zum Anwesen der Familie Danner" gemacht. Dort hat er „eine Unterredung mit den drei Anwesenden" und verzichtet auf eine „Besichtigung des Tatortes". Neugierig will er nicht erscheinen. Schließlich „wähnt" er seine weitere „Anwesenheit nicht mehr als erforderlich", nachdem die Polizei vor Ort ist.

2 Wie warten die drei Bauern vor dem Dannerhof? Wie drücken Sie ihr Entsetzen aus? Reden sie miteinander? Oder hat ihnen das Gesehene die Sprache verschlagen? Dann die Ankunft des Bürgermeisters. Man kennt sich natürlich gut, man duzt sich. Verhält sich der Bürgermeister unter diesen Umständen wirklich so abgeklärt, wie er es später darzustellen versucht? Vielleicht will er ja doch ins Haus und wird von den Bauern zurückgehalten („Tu dir das nicht an!"). Gegenüber der Polizei kann er dann wieder seine Amtsrolle herauskehren.

3 Diese Aufgabe rückt die übliche Polizeiarbeit in solchen Fällen in den Blick.
a Der Leiter der Gruppe stellt sich selbst und die übrigen Beamten vor. Oder kennt man sich vielleicht? Dann werden nach kurzen Erklärungen die einzelnen Tatorte besichtigt, es werden Aufnahmen gemacht, die den Fund der Leichen dokumentieren, und es werden Gegenstände gesichert (die Spitzhacke?), die als Tatwerkzeuge infrage kommen. Der Abtransport der Leichen in die Gerichtsmedizin muss vorbereitet werden.
b Von denen, die das Verbrechen entdeckt haben, will man auch noch Genaueres wissen. Wer kam eigentlich auf die Idee, sich über den Verbleib der Familie Danner zu informieren? (Der 13-jährige Hansl Huber wird von seiner Tante aufgefordert, „zum Danner rüberzulaufen", S. 67.) Wer hat die Danners zuletzt gesehen? Georg Hauer berichtet darüber (S. 57 ff.) und somit fällt ein erster Verdacht auf einen möglichen Einbrecher als Täter.

4 Am ersten Abend wird die Polizei noch wenig über ihre Ermittlungen sagen wollen/können: Sechs Opfer des Verbrechens wurden identifiziert, die möglichen Todesursachen ermittelt (Kopfverletzungen), erste Spuren gesichert. Hinweise auf einen oder mehrere Täter liegen noch nicht vor.

5 a Für einen Raubmord spricht vor allem der Verdacht, den der alte Danner gegenüber Georg Hauer geäußert hat. Demnach gab es Spuren, die darauf hindeuteten, dass jemand sich Zugang zum Hof verschaffen wollte. Frühere Versuche dieser Art (vgl. S. 90) erhärten diesen Verdacht. Ob der Täter nach dem Verbrechen darüber hinaus noch Spuren legte, um den Verdacht auf einen Raubüberfall zu richten (vgl. S. 124), bleibt offen. Gegen die Annahme eines Raubmords spricht allerdings die Art des Verbrechens. Die Brutalität der Morde passt im Grunde nicht in das Täterbild eines Einbrechers.
b Nachbarn und Dorfbewohner favorisieren die Raubmordthese, weil sie davon ausgehen, dass der oder die Täter nicht aus den eigenen Reihen stammen.
Für die Polizei sollten eigentlich beide Annahmen nebeneinander gelten, d. h., die Fahndung erfolgt sowohl in die eine als auch in die andere Richtung. Flüchtige Einbrecher können sich seit der Tat schon weiträumig abgesetzt haben, d. h., die Fahndung muss entsprechend überregional ausgerichtet sein.
Ein „Beziehungstäter" dagegen stammt eher aus dem näheren Umfeld. Die Ermittlungen müssen also eher an den Beziehungen zwischen den Opfern einerseits und den Menschen in ihrer Umgebung andererseits ansetzen.

6 Die Obduktion klärt einerseits die genaue Todesursache („massive Gewalteinwirkung im Kopfbereich", S. 103) und den Zeitpunkt des Verbrechens („in der Nacht vom 18.03. auf den 19.03.", S. 104). Der Hinweis, dass als Tatwaffe eine „am Tatort aufgefundene Spitzhacke" infrage kommt, spricht eher für einen als für mehrere Täter.

Fragen und Antworten

Ein/e Ich-Erzähler/in stellt sich vor

In den 50er Jahren auf dem Land

Andrea Maria Schenkel

Den ersten Sommer nach Kriegsende verbrachte ich bei entfernten Verwandten auf dem Land.

In jenen Wochen erschien mir dieses Dorf als eine Insel des Friedens. Einer der letzten heil gebliebenen Orte nach dem großen Sturm, den wir soeben überstanden hatten.

Jahre später, das Leben hatte sich wieder normalisiert und jener Sommer war nur noch eine glückliche Erinnerung, las ich von eben jenem Dorf in der Zeitung.

Mein Dorf war zum „Morddorf" geworden und die Tat ließ mir keine Ruhe mehr.

Mit gemischten Gefühlen bin ich in das Dorf gefahren. Die, die ich dort traf, wollten mir von dem Verbrechen erzählen. Reden mit einem Fremden und doch Vertrauten. Einem, der nicht blieb, der zuhören und wieder gehen würde.

Tannöd, S. 5

1 Dieser Romananfang ist die einzige Stelle, in der der/die Ich-Erzähler/in sich zu Wort meldet.
   a Wie stellen Sie sich diese/n Ich-Erzähler/in vor? Ein Mann? Eine Frau? Alter? Lebensumstände? ...
   b Welche Beziehung hat der/die Ich-Erzähler/in zu „seinem"/„ihrem" Dorf?
   c Vergleichen Sie den/die Ich-Erzähler/in mit dem Zeitungsreporter, der nach der Tat im Dorf und der Umgebung recherchiert.
   d Die letzten drei Zeilen enthalten recht vage Angaben über das Verhalten der Dorfbewohner gegenüber dem/der Ich-Erzähler/in. Wie verstehen Sie diese Hinweise?

2 Ein/e Ich-Erzähler/in als Ermittler/in in einem Mordfall: Stellen Sie sich vor, die Autorin hätte aus *Tannöd* einen klassischen Kriminalroman machen wollen, in dem diese/r Erzähler/in gleichzeitig die Rolle des Ermittlers/der Ermittlerin übernommen hätte. Welche Konsequenzen für den weiteren Aufbau der Romanhandlung hätten sich daraus ergeben?

3 Stellen Sie sich eine Verfilmung des Romans vor, die mit dieser Szene beginnt. Unser/e Besucher/in ist mit der Eisenbahn unterwegs in das „Morddorf". Während der Fahrt erinnert er/sie sich an die Lektüre des Zeitungsberichts und an die Zeit (als Kind?) damals bei den „entfernten Verwandten auf dem Land".
   a Wie lassen sich die Szenen in der Bahn von den Erinnerungsszenen filmisch unterscheiden?
   b Wie geht die Handlung weiter? An wen wendet sich der/die Besucher/in nach seiner/ihrer Ankunft zuerst?

4 Die privaten Beziehungen, die der/die Ich-Erzähler/in zu einigen Dorfbewohnern hat, könnten in einer solchen Verfilmung eine wichtigere Rolle spielen. Welche Möglichkeiten sehen Sie in dieser Hinsicht?

© 2009 Cornelsen Verlag, Berlin

Fragen und Antworten
Ein/e Ich-Erzähler/in stellt sich vor

Die wiederholt wechselnde Erzählperspektive spielt im Roman eine besonders wichtige Rolle. Zu Beginn stellt sich ein/e Ich-Erzähler/in vor. Diese/r Ich-Erzähler/in führt Regie in mehreren Kapiteln, in denen Befragte – wiederum als Ich-Erzähler/in – zu Wort kommen. Daneben gibt es andere Kapitel, in denen ein fiktiver anonymer Erzähler agiert.

1a Dass sich ein/e Ich-Erzähler/in zu Beginn eines Romans derart knapp vorstellt, um danach als Erzählerinstanz fast ganz zu verschwinden, ist mehr als ungewöhnlich. Die Schülerinnen und Schüler müssen zunächst bereit sein, auch in diesem Erzähler-Ich eine/n fiktive/n Erzähler/in zu sehen, der/die mit den anderen Erzählfiguren im Roman nicht verwechselt werden darf. Die Frage, ob es sich dabei um einen Mann oder eine Frau handelt, ist natürlich nicht klar zu entscheiden. Dennoch spricht manches dafür (die Art der Befragung, die Auswahl der Gesprächspartner), dass es sich um ein weibliches Erzähler-Ich handelt, ein Ich zudem, das es sich leisten kann (zeitlich wie finanziell), diesem Dorf einen Besuch abzustatten.

b Die Beziehung zum Dorf ist stark durch die Erinnerungen an die friedliche Nachkriegsidylle geprägt, eine Zeit, die die Erzählerfigur als Kind bei Verwandten verbracht hat. Zehn Jahre später werden diese Erinnerungen durch Berichte in der Presse getrübt.

c/d Der Zeitungsreporter hat bei seinem Besuch im Dorf klare Ziele. Er will und muss recherchieren. Im Unterschied dazu will der/die Ich-Erzähler/in den Menschen vor allem zuhören. Für die Dorfbewohner ist er/sie nach der langen Zeit fremd und doch vertraut zugleich. Man weiß, diese/r Besucher/in verlässt das Dorf auch wieder, und man kann sich ihm/ihr gegenüber deshalb bedenkenloser äußern.

2 Wenn sich die Schülerinnen und Schüler den/die Ich-Erzähler/in als Ermittler/in vorstellen, wird der Unterschied zu der Romanfigur besonders deutlich. Mit der Absicht zu ermitteln sollten die Befragungen zielgerichtet erfolgen. Vor allem müsste dann die Suche nach Motiven der Tat deutlicher im Vordergrund stehen.
Für die Abfolge der Romankapitel müsste das bedeuten, dass der Täterkreis zunehmend eingegrenzt und der wahre Täter schließlich auch überführt würde.

3a Eine Fahrt mit der Eisenbahn in den 50er Jahren. Die Kamera zeigt zunächst in Außensicht die Eisenbahn auf ihrer Fahrt durch eine ländliche Gegend. Danach folgt der Blick durch das Innere eines Abteils bis hin zu einem Mann oder einer Frau, der oder die auf einem Eckplatz sitzt und aus dem Fenster schaut. Indem die Kamera immer näher auf dieses Gesicht zufährt, könnte eine Rückblende folgen zu einer Aneinanderreihung von Szenen, die ein Kind in einem ländlichen Dorf und in unterschiedlichen Situationen (Alltag, Sonntag) zeigen. Dann taucht der Mann oder die Frau wieder aus den Erinnerungen auf und greift möglicherweise zu einer Zeitung mit einem Artikel über die Bluttat in dem Einödhof. Anstelle der Eisenbahn könnte man sich die Fahrt auch mit einem Bus vorstellen, die mit der Ankunft im Dorf endet.

b Im Dorf sucht der/die Besucher/in zunächst die alten Verwandten und Bekannten von damals auf, es kommt zu ersten Gesprächen und Wiedererkennungsszenen. Erst allmählich wird das eigentliche Interesse für den Besuch erkennbar.

4 Wenn man davon ausgeht, dass der/die Ich-Erzähler/in als Kind nach Kriegsende in diesem Dorf war, dann handelt es sich jetzt um einen Menschen im Alter von gut 20 Jahren. Vielleicht gab es damals engere Kontakte zu Gleichaltrigen. Kurt Huber, 21 Jahre alt, könnte für diese Rolle infrage kommen, ebenso die zwanzigjährige Dagmar, Tochter des Bauern Sterzer, oder der Knecht auf dessen Hof, Alois Huber, 25 Jahre, jetzt verlobt mit Anna. Auch Anna Hierl, 24 Jahre alt und vormals Magd auf dem Dannerhof, käme infrage.
Aus den Spielkameraden von damals sind inzwischen also junge Erwachsene geworden und hier sind durchaus Konstellationen denkbar, wie die Freundschaften von früher wieder aufgefrischt und vielleicht noch vertieft werden können. Natürlich versuchen alle, den/die Besucher/in bei den Ermittlungsbemühungen zu unterstützen.
Insgesamt würde auf diese Weise das dörfliche Leben sehr viel deutlicher als im Roman zum Ausdruck kommen.

Fragen und Antworten

Betty, 8 Jahre

Andrea Maria Schenkel

Die Marianne und ich sitzen in der Schule nebeneinander. Sie ist meine beste Freundin. Deshalb sitzen wir ja auch beieinander.
Die Marianne mag die Rohrnudeln[1] meiner Mama immer besonders gern. Wenn meine Mama welche macht, bringe ich ihr immer eine mit, in die Schule oder am Sonntag auch mit in die Kirche. Am letzten Sonntag habe ich ihr auch eine mitgebracht, aber die musste ich dann selbst essen, weil sie nicht in der Kirche war.
Was wir immer so gemeinsam machen? Was man halt so spielt, Räuber und Gendarm, Fangerles[2], Verstecken. Im Sommer ab und zu bei uns im Hof Verkaufen.

Tannöd, S. 11

[1] Rohrnudeln: eine Art Hefeklöße, die z. B. mit Vanillesauce serviert werden
[2] Fangerles: ein Fang- und Laufspiel

In 17 Kapiteln des Romans kommen Menschen zu Wort, die mit dem Mordfall und den Opfern auf unterschiedliche Weise verbunden sind. Den Anfang macht die achtjährige Betty.

1 Was hat Betty zu erzählen?
a Gliedern Sie das Kapitel nach den wichtigsten Themen, die Betty anspricht.
Welche dieser Themen halten Sie für besonders wichtig?
b Über die äußere Situation, in der Betty erzählt, erfährt man nichts. Wie stellen Sie sich diese Situation vor?
c Wo erkennt man, dass Betty auch auf Fragen antwortet, die ihr gestellt werden?
d Betty und ihre „beste Freundin". – Welches Bild von dieser Kinderfreundschaft vermittelt das Kapitel?
e Was erfährt man über Bettys Familie?

2 Untersuchen Sie die sprachlichen Besonderheiten dieses Kapitels.
Welche sprachlichen Ausdrucksmöglichkeiten einer Achtjährigen erkennen Sie?

> Frauen in der Nachkriegsgesellschaft: Das waren auch die „Ami-Liebchen" und „Negerhuren". Die zeitgenössischen Schimpfnamen lassen keinen Zweifel daran, wie das Verhältnis einer Deutschen zu einem männlichen Besatzer wahrgenommen wurde. […] Bis zu 90 Prozent der GIs, so lautete eine Schätzung 1946, „fraternisierten" mit den deutschen „Frauleins". Ende 1947 hatten 2 262 deutsche Frauen Soldaten der Besatzungstruppen geheiratet. In der Bundesrepublik sollte die Zahl deutsch-amerikanischer Heiraten bis Mitte der 50er Jahre auf jährlich über 7 000 ansteigen.
> Jörg Echternkamp: Nach dem Krieg. Alltagsnot, Neuorientierung und die Last der Vergangenheit 1945–1949. Zürich: Pendo 2003, S. 185 f.

3 Bettys Tante Lisbeth arbeitet bei den Amerikanern und ist offensichtlich mit einem amerikanischen Besatzungssoldaten befreundet. Lesen Sie den kurzen Informationstext oben.
a Wie wirkt sich diese Beziehung auf Betty und ihre Familie aus?
b Stellen Sie sich vor, Lisbeth bringt ihren Freund mit auf einen Besuch bei ihrer Schwester …

Fragen und Antworten
Betty, 8 Jahre

Von den insgesamt 17 Kapiteln, in denen Menschen zu Wort kommen, die mit der Tat oder den Opfern in unterschiedlich naher Verbindung standen, wird hier das erste exemplarisch herausgegriffen und analysiert.

1a Die ersten beiden Absätze führen in die Freundschaft zwischen Betty und Marianne ein. Dann geht es darum, was die beiden immer so machen (Absatz 3–5, S. 11). Mariannes Geschichten von ihrem Papa in Amerika bestimmen die beiden folgenden Absätze. Erlebnisse aus dem letzten Winter schließen sich an. Zum Schluss geht es dann um eine weitere Geschichte der kleinen Marianne, die Sache mit dem Zauberer.

b Vermutlich findet das Gespräch im Haus von Betty statt, möglicherweise im Beisein der Mutter. Das Haus liegt offenbar etwas außerhalb der Gemeinde Einhausen.

c Die Frage zu Beginn des dritten Absatzes vermittelt den Eindruck, dass Betty hier eine ihr vorab gestellte Frage wiederholt. Auf diese Weise verschafft sie sich eine kleine Pause zum Nachdenken, bevor sie darauf antwortet.

d Es ist das Bild einer typischen Mädchenfreundschaft. Die Versicherung, dass die andere jeweils „die beste Freundin" ist, gehört dazu. In der Schule sitzen sie nebeneinander, sie wissen, womit sie einander eine Freude machen können, spielen zusammen und streiten sich.

e Betty erwähnt im Gespräch nur die Mutter, die in Erziehungsfragen ganz offenbar allein verantwortlich ist. Sie sagt dem Kind, was man darf und was nicht. Ob es einen Vater gibt und welche Rolle er spielt, lässt der Text offen. Interessant ist für Betty Tante Lisbeth. Sie arbeitet „bei den Amis", wie die Kleine weiß, und sie bringt hin und wieder Dinge mit, die es sonst nicht gibt, z. B. Kaugummi, Schokolade und andere Süßigkeiten. Damit ist sie für die Kinder natürlich eine wichtige Person. Dass sie einen schwarzen Freund hat, macht sie möglicherweise noch zusätzlich interessant.

2 Typisch für die sprachlichen Ausdrucksmöglichkeiten einer Achtjährigen wirkt zunächst der bestimmte Artikel vor dem Namen, der wiederholte Verweis auf die Mama und das, was sie sagt oder meint („meine Mama sagt …"), oder auf den Papa Mariannes. Auch „schwindeln" für lügen gehört in diesen Zusammenhang oder „prima" als Adjektiv („ein prima Schlittenberg"). Manchmal sind es auch Redewendungen („zu Hause gibt's Ärger"; „in die Hose pieseln" u. a.), die als Beispiele genannt werden können. Syntaktisch fällt die häufige Aneinanderreihung einfach strukturierter Aussagesätze auf (die typische Reihung durch „und dann …"), Nebensätze sind relativ selten und beschränken sich auf Wenn-dann-Konstruktionen, auf kausale Fügungen oder dass-Verbindungen.

3 Bettys Tante Lisbeth fällt aus dem Rahmen der Frauenfiguren in *Tannöd* heraus. Sie arbeitet „bei den Amis". Was genau sie da macht, bleibt offen, aber sie ist mit einem amerikanischen Besatzungssoldaten befreundet. Damit zeigt sie, dass sie sich über die engen Moralvorstellungen, die im Dorf nicht zuletzt das Leben der Frauen bestimmen, hinwegsetzt und die damit verbundenen stummen und lauten Vorwürfe offenbar ertragen kann.

a Für Bettys Familie hat diese Beziehung zunächst die angenehme Folge, dass die Tante immer mal wieder Dinge besorgen und mitbringen kann, die es im normalen Handel noch nicht zu kaufen gibt oder die man sich nicht leisten kann. Das weiß natürlich auch Betty schon zu schätzen, zumal sie sich damit gegenüber den anderen Kindern als etwas Besonderes darstellen kann. Bettys Mutter steht dieser Beziehung, wie es scheint, mit gemischten Gefühlen gegenüber. Sie weiß natürlich, wie eine solche Freundschaft im Dorf bewertet wird, und ist entsprechend „nicht so begeistert", wie Betty feststellt.

b Lisbeth und ihr Freund zu Besuch bei ihrer Verwandtschaft – das ist unter den gegebenen Umständen Mitte der 50er Jahre im ländlichen Bayern noch ein Wagnis. Es ist jedenfalls kein Anlass, um den Besucher in der Öffentlichkeit des Dorfes selbstbewusst zu präsentieren. Eher wird Bettys Familie bestrebt sein, den Besuch von der Öffentlichkeit abzuschirmen. Für Betty und ihre Mutter ist das möglicherweise überhaupt die erste Begegnung mit einem GI.

Fragen und Antworten

Ein Mosaik von Antworten

Name und Alter	Umfang des Kapitels	Wichtige Hinweise und Informationen
Babette Kirchmeier 86 Jahre	knapp 2 Seiten	Marie bis zum Januar als Haushaltshilfe der Beamtenwitwe: fleißig und anspruchslos
Traudl Krieger, 36 Jahre Maries Schwester	5,5 Seiten	Umstände, die Marie zwingen, die Stelle als Magd im Dannerhof anzunehmen; der Weg zum Hof und die Ankunft dort
Hermann Müllner 35 Jahre, Lehrer	1,5 Seiten	
Ludwig Eibl, 32 Jahre Postschaffner		
Kurt Huber, 21 Jahre Monteur		
Dagmar Sterzer, 20 Jahre		

Die Motive und Ziele der Befragung lässt der Roman offen, ebenso die Auswahl und die Reihenfolge, in der die Befragten zu Wort kommen.

1 Vervollständigen Sie die Tabelle. Was fällt Ihnen auf?

2 Vergleichen Sie
a die beiden ersten und die beiden letzten Befragungen und
b die Aussagen der drei Männer, die die Toten entdeckt haben.

3 Manche Kapitel stehen mit dem Fall und seiner Aufklärung in keiner direkten Verbindung. Nennen Sie Beispiele und erläutern Sie ihre Funktion im Roman.

4 Anna, die Schwägerin von Georg Hauer, wird nicht befragt.
a Prüfen Sie, an welcher Stelle des Romans ein solches Kapitel seinen Platz haben könnte.
b Erklären Sie, warum ein solches Kapitel fehlt.

5 Bei der Vorbereitung eines Projekts zur Verfilmung des Romans stellt sich u.a. die Frage, welche Rollen der Vorlage auch im Film besetzt werden sollen. Machen Sie Vorschläge.

6 Stellen Sie sich vor, der/die Ich-Erzähler/in schließt nach dem Gespräch mit dem Pfarrer die Befragung ab und fährt wieder nach Hause. Welches Resümee kann er oder sie ziehen? Versuchen Sie die Ergebnisse der Befragung aus dieser Sicht zusammenzufassen.

© 2009 Cornelsen Verlag, Berlin

Fragen und Antworten

Ein Mosaik von Antworten

Der Überblick über die Anzahl und die Abfolge der Befragungen ermöglicht einen Vergleich und die Antwort auf die Frage, welche Funktion diese Teilkapitel im Einzelnen und dieses Erzählarrangement im Ganzen haben.

1 Die Tabelle ist leicht zu ergänzen. In der linken Spalte können die Angaben aus dem Text übernommen werden. Die mittlere Spaltet listet Angaben zum Umfang der Kapitel auf. Die dritte Spalte schließlich gibt in Auswahl inhaltlich wichtige Elemente wieder. Diese Angaben können natürlich unterschiedlich umfangreich ausfallen.
Auffällig ist schon, wer das erste und wer das letzte Wort hat. Dass auch der Täter unter den Befragten ist, wird erst im Verlauf der Lektüre klar, ist dann aber umso auffälliger. Schließlich der Umfang. Mit sechs bzw. sieben Seiten kommen zwei eher am Rande Beteiligte besonders ausführlich zu Wort.

2a In den beiden ersten Kapiteln kommen Menschen zu Wort, die das entsetzliche Verbrechen entweder noch nicht oder nicht mehr an sich heranlassen. Die achtjährige Betty spricht von der Freundin in der Gegenwartsform, ihren Tod hat sie offenbar noch gar nicht innerlich verarbeitet. Die 86-jährige Babette Kirchmeier dagegen ist inzwischen so verwirrt, dass sie von dem Verbrechen keine Notiz mehr nimmt. Für sie ist Marie immer noch die Magd, die einmal für sie gearbeitet hat und jetzt eben irgendwo anders ihre Arbeit tut.
In den beiden Schlusskapiteln kommen die Stimmen aus dem Pfarrhaus zu Wort. Für die Köchin sind die Dinge klar. Hier wurden Menschen für ihr ruchloses Leben bestraft und „vom Teufel geholt". Das sieht der Pfarrer natürlich anders, wenngleich mit einem Hang zur Beschönigung.
b Georg Hauer, sein Sohn Hansl, Johann Sterzer und Alois Huber kommen nacheinander zu Wort. Auffälligerweise ist es Georg Hauer, der seinen Sohn auffordert, draußen zu warten, während die drei Erwachsenen das Haus der Danners betreten. Georg Hauer berichtet ausführlich und bereitwillig über seine Begegnung mit dem alten Danner, während er über die Entdeckung der Toten nur kurz hinweggeht. Johann Sterzer und Alois Huber betonen beide das auffällig ruhige und konsequente Vorgehen des Nachbarn Hauer. Im Bericht des jungen Huber sind vor allem die Erinnerungen an eigene Kriegserlebnisse aufschlussreich, die die Brutalität des Verbrechens unterstreichen.

3 Ob man die Aussagen Bettys, der alten Kirchmeier, des Lehrers Müllner oder des Postschaffners Eibl nimmt, die Frage, in welchem Zusammenhang mit der Romanhandlung diese Kapitel stehen, drängt sich auf. Zur Ermittlung des Geschehens tragen sie nicht weiter bei. Sie lassen aber in ihrer Summe ein Bild des dörflichen Lebens Gestalt annehmen, das sich mosaiksteinartig durch viele Einzelbilder zusammenfügt.

4a Dass Anna, die Schwägerin Georg Hauers, nicht zu Wort kommt, ist auffällig. Sie hätte sicher einiges zu erzählen. Seit mehr als drei Jahren nimmt sie die Rolle der verstorbenen Frau Hauer ein, betreut den Sohn und führt den Haushalt. Dass der Schwager nach dem Tod seiner Frau mit Barbara Spangler auf dem Dannerhof anbandelte, kann ihr nicht verborgen geblieben sein. Zum ersten Mal erwähnt wird Anna von Georg Hauer (S. 59). Und an dieser Stelle, also noch vor dem Kapitel mit Hansl Hauer (S. 67), könnte man sich eine solche Befragung mit Anna vorstellen, die u.a. vielleicht hätte erklären können, warum sie es war, die den jungen Hauer zum Dannerhof schickte.
b Die Gründe, warum ein solches Kapitel fehlt, hängen wohl mit dem Romanschluss zusammen, wo Anna vom Täter zur Mitwisserin gemacht wird. Wann genau dies geschieht, lässt der Roman offen.

5 Der Kreis der Hauptpersonen ergibt sich zunächst durch die Opfer, den Täter, die benachbarten Bauern und ihre Familien sowie die zentralen Figuren aus dem Dorf (Bürgermeister, Pfarrer, auf den Lehrer könnte man vielleicht verzichten).
Andere Personen sind für die Handlung nicht besonders wichtig, aber filmisch interessant, etwa die Pfarrersköchin mit ihren Vorstellungen, die kleine Betty vielleicht auch.
Zu bedenken ist auch, ob man Figuren, die im Roman nicht selbst zu Wort kommen (wie Bettys Tante Lisbeth), im Film besetzt.

6 Nimmt man die zu Romanbeginn geschaffene Erzählsituation ernst und denkt sie auf eine mögliche Abreise des/der Ich-Erzählers/in weiter, dann könnte ein solches Ende nur offen bleiben. Der/die Ich-Erzähler/in hat eine gewisse Zeit in „seinem"/„ihrem" Dorf verbracht, hat mit vielen Menschen gesprochen und sehr viel erfahren. Aber in all dem bleibt der „tatsächliche" Hergang des Verbrechens unaufgeklärt. Dies müsste in einem entsprechenden Rückblick auch zum Ausdruck kommen. Während der/die Ich-Erzähler/in also wieder auf dem Weg in die Heimat ist, geht die Arbeit der Polizei weiter.

Was „wirklich" geschah

Ein Augenzeuge

Kapitel	Zeitangaben	Geschehen
S. 52–56	in der Nacht von Donnerstag auf Freitag	Mich auf dem Weg zum Tannödhof. Rückblick auf seinen bisherigen Lebensweg
S. 66	am Freitag	Mich beobachtet „das Treiben auf dem Hof". Er sieht …
S. 116 ff.	am Freitagabend	Mich will seinen eigenen Plan in die Tat umsetzen, als er …
S. 119 f.	Freitagnacht	Panikartig verlässt Mich seinen Platz und flüchtet, während der Täter …

Nils Althaus als Mich

Die Aufklärung des Verbrechens geschieht in *Tannöd* nicht durch einen Kommissar, sondern durch einen fiktiven Erzähler. Er begleitet die an der Tat als Zeuge, Opfer oder Täter Beteiligten und enthüllt auf diese Weise Schritt für Schritt den Ablauf des Geschehens.
Wie Michael Baumgartner, der Mich, zum Zeugen der Tat wird, ist einer der spannenden Höhepunkte des Romans.

1 Ergänzen Sie die Tabelle in Ihrem Heft.

2 Mich ist ein Verbrecher besonderer Art. Skizzieren Sie seinen Lebensweg und erläutern Sie, wie er auf die „schiefe Bahn" gerät.

3 Stellen Sie sich vor, Mich wird einige Tage nach der Tat verhaftet.
a Welche Verdachtsmomente hat die Polizei und zu welchen Geständnissen versucht sie Mich zu bewegen?
b Wie verhält sich Mich in diesem Verhör? Was kann er zugeben, ohne seine wahren Absichten zu verraten?
c Die Presse berichtet über die Verhaftung. Das Problem: Gesicherte Erkenntnisse liegen noch nicht vor. Wie könnte ein solcher Bericht aussehen?

4 Für eine Verfilmung des Romans bieten die Szenen mit Mich gute Möglichkeiten.
a Was ist aus Ihrer Sicht bei der Rollenbesetzung zu beachten?
b Entwerfen Sie für eine Szene, die Sie für besonders spannend halten, eine Drehbuchskizze:
Denken Sie dabei an Beleuchtung, (natürliche) Geräusche, Kameraeinstellungen, musikalische Untermalung usw.

5 Manches von dem, was die Romanlektüre vermittelt, ist mit filmischen Mitteln nur schwer darzustellen, z. B. die Hinweise auf Michs Lebensweg, seine „Karriere" als kleiner Gauner und Einbrecher, seine Absichten. Wie könnte der Film hier vorgehen?

6 Stellen Sie sich vor, Michs wahre Rolle bei diesem Verbrechen ist geklärt. Er steht vor Gericht.
Was wirft ihm die Anklagevertretung vor? Wie beurteilt sie die Motive seines Handelns?
Und die Verteidigung? Welche Umstände könnte sie ins Feld führen, um ihren Mandanten zu entlasten?

Was „wirklich" geschah

Ein Augenzeuge

Auf dieser Seite soll untersucht werden, wie Michael Baumgartner zum Zeugen des Verbechens wird und welche Funktion diese Figur im Zusammenhang des Romans hat.

1 In Spalte 3 der Tabelle sind ab Zeile 2 entsprechende Ergänzungen einzutragen. Mich sieht, wie der alte Danner den ganzen Hof nach einem Verdächtigen absucht. Sogar auf den Boden steigt er, ohne allerdings Mich in seinem Versteck zu bemerken. Am Abend sieht er noch, wie die zwei Fremden ankommen, die er nicht kennt. In Zeile 3 geht es darum, dass Mich durch den für ihn fremden Besucher im Stall überrascht wird, gerade als er sein Versteck auf dem Dachboden verlassen will. Von dort hört er, wie eine zweite Person den Stall betritt, an ihrer Stimme erkennt er Barbara. Schließlich muss er miterleben, wie sie und kurz darauf die Mutter erschlagen werden. Die letzte Szene zeigt, wie Mich in Panik vom Dachboden nach unten in den Stall und von dort hinaus in die Nacht flüchtet.

2 Wie der Pfarrer betont, waren nach der NS-Zeit und dem Kriegsende „die Begriffe von Moral und Ordnung doch etwas durcheinandergeraten" (S. 110). Michael Baumgartner bietet mit seinem Lebensweg dafür ein gutes Beispiel. Als gelehriger Schüler seines Schwagers lernt er, auch in schwierigen Zeiten zu überleben. Ab und an ein Einbruch, Kontakte mit Leuten, die die gestohlene Ware weiterverkaufen, hin und wieder auch Gelegenheitsarbeiten bei Bauern oder der Versuch, als Hausierer etwas zu verdienen. Mich ist eher Zuarbeiter, der die möglichen Tatorte ausspioniert und die Ausführung dann lieber anderen überlässt. Doch hat es ihn bei aller Vorsicht einmal erwischt. Drei Monate Haft waren die Folge. Er ist gerade erst wieder entlassen und plant einen weiteren Einbruch, diesmal soll der alte Danner mit seinem Geld das Opfer werden.

3a Mich wäre in den Augen der Polizei sicher verdächtig. Er ist einschlägig vorbestraft und kennt sich auf dem Dannerhof aus. Angesichts der Umstände seiner Flucht vom Hof sollten sich eigentlich auch Spuren finden lassen.
b Soll Mich im Verhör zugeben, dass er während der Tat auf dem Dachboden war, oder macht er sich damit nur noch mehr verdächtig? Er könnte z. B. gestehen, einen Einbruch versucht zu haben, vielleicht sogar im Haus gewesen zu sein. Dann aber habe er nach Ankunft der beiden fremden Frauen von seinem Plan abgelassen. Das würde bestätigen, was die Polizei von Hauer erfahren hat.

c Für die Presse und die Bevölkerung passt Mich als Täter durchaus ins Bild. In dem Bericht müsste das zum Ausdruck kommen, auch eine gewisse Erleichterung darüber, endlich eine „handfeste" Spur zu haben.

4a Mich ist nur ein „kleiner Gauner", der auf die schiefe Bahn geraten ist. Er ist noch jung und sicher kein Schlägertyp. Eine Gewalttat kommt für ihn nur dann infrage, wenn er in die Enge getrieben wird.
b Auf dem Dachboden kommen zwei Szenen infrage: Zunächst die, in der Mich fast von dem alten Danner entdeckt wird. Dann aber vor allem die, während sich unten im Stall das Verbrechen ereignet. Die düster-dunkle Atmosphäre auf dem Dachboden, Geräusche (etwa der aufgeschreckten Tiere im Stall), Lichteffekte (der alte Danner mit seiner Taschenlampe) und Filmmusik – hier ergeben sich für eine Verfilmung viele Gestaltungsmöglichkeiten.

5 Mich ist Einzelgänger. Ein Gesprächspartner, dem er seine Pläne mitteilen könnte, fehlt. Filmisch könnte man sich während der langen Wartezeit, die Mich auf dem Dachboden verbringt, die eine oder andere Rückblende vorstellen, z. B. an die Zeit, als Mich beim alten Danner arbeitete und von ihm einiges über die finanziellen Rücklagen erfährt, oder auch an gemeinsame Aktionen mit dem Schwager.

6 Die Anklagevertretung wirft Mich den versuchten Einbruch und unterlassene Hilfeleistung vor. Mich hätte die erste Mordtat, vielleicht noch die zweite nicht verhindern können, aber auf den weiteren Verlauf hätte er entscheidenden Einfluss nehmen können. Allerdings – und so könnte die Verteidigung argumentieren – hätte er sich selbst dabei in Gefahr gebracht. Der Versuch, sich selbst zu schützen, nicht entdeckt zu werden, schließlich die innere Panik – all das könnten im Blick auf den Vorwurf unterlassener Hilfeleistung Entlastungsmomente sein. Was den Einbruch betrifft, sind die Motive und Fakten klar. Hier könnte die Verteidigung allenfalls auf Michs Lebensgeschichte verweisen, auf den schlechten Einfluss, den der Schwager auf ihn hatte, auf die allgemein schwierigen Verhältnisse in den Kriegs- und Nachkriegsjahren, die es für einen jungen Menschen schwermachen, in geordnete Bahnen zu kommen.

Was „wirklich" geschah

Die Opfer

Franz von Stuck: Die wilde Jagd (Öl auf Leinwand, 1899)

Andrea Maria Schenkel

Marianne liegt wach in ihrem Bett. Sie kann nicht einschlafen. Sie hört das Heulen des Windes. Wie die „wilde Jagd" rast er über den Hof. Die Großmutter hat ihr schon oft die Geschichten von der „wilden Jagd" und der „Trud"[1] erzählt, immer in den langen, dunklen Raunächten zwischen Weihnachten und Neujahr.

„Die ‚wilde Jagd' saust vom Wind getrieben dahin, so schnell wie die Wolken im Sturm, schneller noch. Sie sitzen auf Rössern, so schwarz wie der Teufel", hat die Großmutter erzählt. „In schwarze Mäntel gehüllt, Kapuzen tief ins Gesicht gezogen. Die Augen glutrot, jagt sie dahin. Wenn einer so unvorsichtig ist, sich in einer solchen Nacht draußen herumzutreiben, packt ihn die ‚wilde Jagd'. Im Galopp", hat die Großmutter gesagt. „Einfach so, schnapp!"
Dabei machte sie mit ihrer Hand eine Bewegung, als ob sie selbst etwas packen und wegwischen würde.
„Schnapp! Und sie heben den armen Teufel hoch in die Luft und reißen ihn mit sich fort. Fort, hoch hinauf zu den Wolken, in den Himmel empor reißen sie ihn. Er muss mit dem Sturm mitziehen. Sie lässt ihn nicht mehr los und johlt und lacht ganz höhnisch. „Ho, ho, ho", lachte da die Oma mit einer tiefen Stimme.

Tannöd, S. 14

---

1 Trud: hier im Sinne der Druden, vornehmlich weibliche Nachtgespenster, die im Schlaf ängstigen

---

Der Roman macht in fünf Kapiteln deutlich, wie die Opfer – alle, außer dem zweijährigen Josef – die Zeit kurz vor ihrem Tod erleben. Am Anfang der Reihe steht Marianne.

1 Informieren Sie sich über die „wilde Jagd". Welche Bedeutung haben diese Geschichten für Marianne?

2 Vergleichen Sie dieses Kapitel mit den folgenden, in denen jeweils die Opfer kurz vor ihrem Tod gezeigt werden.
a Welches Bild vermittelt das jeweilige Kapitel über die jeweilige Opferfigur?
b Wie erklärt sich die Reihenfolge der Kapitel?

Was „wirklich" geschah

Die Opfer

Marianne (S. 14 ff.), Marie (S. 27–30), die alte Dannerin (S. 60–63) und ihr Mann (S. 64 f.), schließlich Barbara (S. 112–115) – der anonym bleibende Erzähler vermittelt ein anschauliches Bild, wie diese Menschen die letzten Stunden vor ihrem Tod erleben.

1 Eine Recherche im Internet unter dem Stichwort „Wilde Jagd" vermittelt u.a. folgende Ergebnisse: „Wilde Jagd", auch „Wildes Heer", „Wütendes Heer" oder „Wilde Fahrt" bezeichnet im Volksglauben ein Heer von Nachtgeistern, die besonders in der Zeit zwischen Weihnachten und Neujahr durch die Lüfte brausen. Damit verbunden ist oft die Vorstellung, dass es sich um die Geister von Verstorbenen handelt, die noch nicht erlöst sind. Im Allgemeinen ist die wilde Jagd dem Menschen nicht gefährlich, es sei denn, man setzt sich mutwillig diesen Geistern aus, um sie zu beobachten. Interessant ist, dass sich solche Vorstellungen auch in anderen europäischen Ländern finden lassen. Sie reichen mit ihren Anfängen offenbar in germanische Zeiten zurück.
Der achtjährigen Marianne ist diese Geschichte aus den anschaulich-lebendigen Erzählungen der Großmutter besonders vertraut. Eine stürmische Nacht wie die kurz vor ihrem Tod reicht aus, um diese Bilder lebendig werden zu lassen. Für sie spielt dabei der Gedanke, dass Menschen, natürlich auch Kinder wie sie, Opfer dieser Geister werden können (die Großmutter spielt diesen Gedanken noch weiter aus) eine besondere Rolle. Sie verstärken ihre innere Unruhe, sodass sie nicht in den Schlaf findet und schließlich aufsteht, um die Mutter oder die Großmutter zu suchen.
Die „wilde Jagd" ist eine Geschichte, die zu diesem düsteren Ort und den hier lebenden Menschen passt. Sie verweist zudem auf das Schicksal, das diesen Menschen unmittelbar bevorsteht.

2a *Marianne* scheint ein sensibles, fantasiebegabtes Mädchen zu sein. Die Geschichte von dem Zauberer, die sie ihrer Freundin Betty immer wieder erzählt, spricht ebenso dafür wie die Vorstellungen von der wilden Jagd.
Marie bestätigt das Bild, das schon ihre Schwester Traudl im Kapitel zuvor von ihr zeichnet. Sie ist bescheiden, anspruchslos und bereit, sich auf neue Arbeitsstellen einzulassen. Traudl ist ihr einziger Halt im Leben. Deshalb möchte sie nicht zu weit von ihr entfernt arbeiten. Sie hat ein offenes Herz für Kinder.

Die alte Dannerin flüchtet am Abend in die Welt ihrer religiösen Vorstellungen. Im Gebet findet sie Trost und Ruhe vor den Sorgen ihres Alltags. In der Erinnerung lässt sie ihr an Entbehrungen und Entehrungen reiches Leben Revue passieren. Sich zur Wehr zu setzen, kam ihr nie in den Sinn. Sie akzeptiert dieses Schicksal als von Gott auferlegt.
Der alte Danner kann auch nicht einschlafen. Aber ihn plagen ganz handfeste Sorgen, die mit seinem Alltag als Bauer in dieser Einöde zusammenhängen. Als Herr im Haus ist er für die Sicherheit zuständig. Die Beziehung zu seiner Frau ist schlecht. Ihr ständiges Beten stört ihn. Gewissensbisse ihr gegenüber kennt er nicht.
Schließlich *Barbara*: Abweichend von den übrigen Kapiteln setzt dieses zeitlich früher ein. Barbara kommt von dem Besuch beim Pfarrer zurück. Auf dem Weg „zu ihrem Anwesen" ist sie noch ganz von dem Stolz erfüllt, dass der Vater ihr endlich den Hof überschrieben hat. In ihrer Rückschau auf ihr Leben wird deutlich, wie ihr Denken und Handeln, vor allem die Beziehung zu Männern mehr und mehr durch die Inzestbeziehung mit dem Vater geprägt wurde. Die Fähigkeit, eine echte Beziehung zu einem Mann ihrer Wahl einzugehen, ist nicht mehr vorhanden. So wird die Vorstellung, Erbin und „Herrin" des Tannödhofes zu werden, zum einzigen und letzten Lebensziel.

b Die Reihenfolge der fünf Kapitel und ihre Verteilung im gesamten Roman erklärt sich zunächst daraus, dass Barbaras Rolle im Handlungszusammenhang des Verbrechens zuletzt thematisiert werden muss. Sie wird ungewollt zur Auslöserin der Tat. Am Anfang stehen dagegen die beiden unschuldigen Opfer der Katastrophe: das Kind und die gerade erst auf dem Hof eingetroffene neue Magd Marie. In der Mitte folgen die beiden Kapitel mit der Bäuerin und ihrem Mann unmittelbar aufeinander. Vor allem der alte Danner ist in das Geschehen schuldhaft verwickelt. Die Bäuerin indirekt auch, da sie über die Jahre hinweg das Treiben ihres Mannes erduldet hat. Barbaras Verhalten gegenüber Georg Hauer, das letztendlich die Morde verursacht, ist die Folge dieser Familientragödie.

Was „wirklich" geschah

Der Täter

Andrea Maria Schenkel

Warum er alle umgebracht hat?
„Warum bringt einer alle um? Warum tötet er, was er liebt? Anna, nur was man liebt, kann man auch töten.
5 Weißt du, Anna, was in den Köpfen der Menschen vor sich geht? Weißt du das? Kannst du in die Köpfe, in die Herzen schauen? Eingesperrt war ich doch mein ganzes Leben, eingesperrt.
Und auf einmal öffnet sich mir eine neue Welt, ein
10 neues Leben. Weißt du, wie das ist?
Ich sage dir, jeder ist einsam sein ganzes Leben lang. Alleine ist er, wenn er zur Welt kommt, und alleine stirbt er. Und dazwischen, gefangen war ich in meinem Körper, gefangen in meinem Verlangen.
15 Ich sage dir, es gibt keinen Gott auf dieser Welt, es gibt nur die Hölle. Und sie ist hier auf Erden in unseren Köpfen, in unseren Herzen.
Der Dämon sitzt in jedem und jeder kann seinen Dämon jederzeit herauslassen."

Tannöd, S. 124 f.

Das letzte Kapitel folgt, so scheint es, dem Schema eines Kriminalromans: Letzte Zweifel über die Identität des Täters werden geklärt. Der Täter gesteht die Tat. Allerdings bleibt die Polizei außen vor. Ob sie und die Öffentlichkeit überhaupt von dem Geständnis erfahren, lässt der Roman offen.

1 Wie versucht Georg Hauer der Schwägerin seine Tat zu erklären? Wie beurteilen Sie diese Erklärung?

2 Anna bleibt stumm. Überlegen Sie, was ihr bei dem Gehörten durch den Kopf gehen könnte.
An welcher Stelle hätte sie nachfragen können?

3 Wie Anna mit ihrem Wissen umgehen wird, lässt der Roman offen. Welche Möglichkeiten sehen Sie?

4 Untersuchen Sie das gesamte letzte Kapitel.
a Wie ist das Kapitel aufgebaut?
b Welche Rolle spielt Anna in diesem Schlusskapitel?

5 Schon zu Beginn des Romans (S. 9 f.) werden die Lesenden mit einer Romanfigur konfrontiert, die „am frühen Morgen" wieder an den Tatort zurückkehrt. Es folgen fünf weitere Kapitel (S. 32 f., 38 f., 46 f., 78 f., 96 ff. und 121–125), in denen wir diese Figur entweder zuhause oder auf dem Hof des alten Danner erleben.
Vergleichen Sie diese Kapitel.
a Wie schafft es der Erzähler, dass die Identität dieser Romanfigur zunächst im Dunkeln bleibt?
b Wo tauchen erste Verdachtsmomente auf, dass es sich um Georg Hauer handelt?

© 2009 Cornelsen Verlag, Berlin

Was „wirklich" geschah

Der Täter

Ähnlich wie den Opfern widmet der anonyme Erzähler dem Täter mehrere Kapitel, die über den Roman verteilt dessen Verhalten nach der Tat beleuchten.

1 Georg Hauer stellt die Morde als Verzweiflungstat eines Mannes dar, der sein Leben lang einsam war und sein Verlangen nach einer sexuell befriedigenden Partnerschaft weder in seiner Ehe noch später mit Barbara erfüllen kann. Er erlebte und erlebt sein sexuelles Begehren als einen inneren Dämon, als die Hölle in seinem Kopf und in seinem Herzen.
Eine Beurteilung dieser Erklärung hängt auch davon ab, wie wörtlich man das nimmt, was Georg Hauer hier gesteht. Er tötet schließlich nicht nur die Menschen, die er liebt (das mag für Barbara und den kleinen Josef, den er für seinen Sohn hält, gelten), er tötet auch eine Frau, die er gar nicht kennt. Insofern kann seine Erklärung im Grunde nur für den ersten Mord an Barbara, vielleicht auch für den folgenden an der Mutter gelten. Juristen würden in diesem Fall von einem Mord im Affekt sprechen. Die folgenden Morde geschehen zwar im Rausch, aber sie verfolgen auch schon das Ziel, die Tat zu vertuschen.

2 Anna spielt in dem gesamten Roman eine auffallend stumme Rolle. Außer der doppelten Warum-Frage (S. 122) gönnen Autorin und Erzähler ihr keine weiteren Worte. Dabei hätte dieses Geständnis durchaus Anlass zu Nachfragen geben können. Mag die erste Tat für die Schwägerin noch nachvollziehbar sein, so müsste sie eigentlich spätestens bei den beiden Kindern oder der fremden Magd nachhaken wollen.

3 Setzt man voraus, dass Georg Hauer sich nach dem Geständnis erschießt, wie der Romanschluss es nahelegt, dann hätte Anna zwei Möglichkeiten, diesen Selbstmord der Öffentlichkeit und der Polizei gegenüber zu erklären: Entweder sie bleibt bei der „Wahrheit" und erzählt die Sache so, wie sie ist, oder sie behält das Geständnis für sich und lässt den Selbstmord als eine Tat der Trauer über den Tod Barbaras und des vermeintlichen Sohnes erscheinen. Dabei könnten auch die Überlegungen eine Rolle spielen, wie sie weiterhin für den 13-jährigen Hansl sorgen kann.

4 a Das letzte Kapitel ist so aufgebaut, dass der Anfang und der Schluss eine Art Rahmen bilden. Georg Hauer sitzt in seinem Schlafzimmer auf dem Bett, die Pistole in der Hand und erinnert sich an den Verlauf der zurückliegenden beiden Stunden, an Anna, die mit dem blutigen Tuch zu ihm in den Stall kommt, an das „Gespräch" draußen auf der Bank und das Geständnis.

b Anna spielt hier eine auffallend verständnisvolle Rolle. Als sie das blutbeschmierte Tuch findet und die Zusammenhänge mehr erahnt als erkennt, stellt sie den Schwager nicht zur Rede. Ungläubig und traurig sucht sie ihn auf und ist sogar fähig, in einer Geste der Zuwendung den Arm um ihn zu legen. Vielleicht ist es diese verständnisvolle Zuwendung, die es Georg Hauer ermöglicht, sein Gewissen zu erleichtern und sich die schreckliche Tat von der Seele zu reden.

5 a Der Erzähler beschränkt sich in den beiden ersten Kapiteln auf eine reine Außensicht. Da ist von einem Mann die Rede und davon, was er tut. Es ist offenbar ein Bauer, die Arbeiten, die auf einem Bauernhof anfallen, sind ihm vertraut und er tut, was getan werden muss. Der Mann wirkt in den ersten drei Textstellen zunächst ganz ruhig, erst mit dem Folgenden (ab S. 46) werden Emotionen erkennbar. Jetzt wird auch klar, dass der Mann in diesem Haus keine Spuren hinterlassen darf. Auf S. 78 f. erleben wir den Mann, der nachts von argen Träumen geplagt wird, bis schließlich auf S. 96 seine Identität geklärt ist, indem die Schwägerin Anna und der Sohn Hansl beim Namen genannt werden.

b Die ersten Verdachtsmomente tauchen für die aufmerksamen Lesenden sicher dort auf, wo das auffällige Verhalten von Georg Hauer bei der Entdeckung der Toten sowohl von Johann Sterzer (vgl. S. 72) als auch von Alois Huber (S. 74 f.) betont wird.

Schlimme Jahre und alte Geschichten

Fremdarbeiter und Flüchtlinge

Ulrich Herbert

Fremdarbeiter

Fremdarbeiter ist ein traditioneller deutscher Begriff für ausländische Arbeiter und schon seit der Wende zum zwanzigsten Jahrhundert in Gebrauch. […]

In der Bundesrepublik war er noch in den fünfziger Jahren üblich für Ausländer – in bedenkenloser Aufnahme des Sprachgebrauchs von vor 1945. […] Der Begriff „Gastarbeiter" setzte sich erst seit etwa 1963/64 durch, sollte freundlicher klingen und den vorübergehenden Aufenthalt der angeworbenen ausländischen Arbeiter betonen.

In der NS-Zeit gebrauchte man den Begriff zunächst für polnische Arbeitskräfte, die in den ersten Kriegsmonaten zumindest formell freiwillig nach Deutschland gekommen waren, ehe sich im Frühjahr 1940 endgültig die zwangsweise Rekrutierung durchsetzte. Bei Arbeitskräften aus dem Westen war bis etwa 1942 noch so etwas wie ein Arbeitsvertrag vorhanden, bei denen aus dem Osten, die millionenfach nach Deutschland gebracht wurden, nicht mehr. […] Der Begriff „Zwangsarbeiter" kam damals gar nicht vor. Das ist eine spätere Kategorie unter Würdigung der Gesamtumstände des Arbeitseinsatzes.

Interview mit der FAZ vom 5.7.2005, Nr. 153, S. 31

Die Romanhandlung spielt zehn Jahre nach dem Ende des Zweiten Weltkriegs. Die Erinnerungen an die Kriegs- und Nachkriegsjahre sind noch lebendig. Und einige werden durch das brutale Verbrechen wieder geweckt.

1 Fremdarbeiter – Gastarbeiter – Zwangsarbeiter: Wie grenzt der Autor die drei Begriffe voneinander ab?

2 Maria Sterzer erinnert sich an die Jahre, als ihr Mann „bei der Wehrmacht" war und Pierre, ein Franzose, auf ihrem Hof arbeitete. Amelie, eine Polin, war in der gleichen Zeit „beim Danner".
a Was erfährt man in ihrem Bericht über die beiden?
b Welchen Zusammenhang mit dem Mord stellt sie her?

3 Wie stellt Maria Sterzer ihre familiäre Situation in dieser Zeit und ihren Umgang mit Pierre dar?

4 Eine weitere geheimnisvolle Geschichte rankt sich um einen Flüchtling, der kurz nach Kriegsende auf dem Dannerhof einquartiert wurde.
a Was weiß man im Dorf über Vinzenz Spangler? Wer gibt Auskunft und wie passen diese Auskünfte zusammen?
b Barbara und Vinzenz: Vergleichen Sie die Erinnerungen des Pfarrers (S. 110) mit der Darstellung des Erzählers aus der Sicht Barbaras (S. 114).

5 Flucht und Vertreibung, Flüchtling und Vertriebener: Versuchen Sie diese Begriffe voneinander abzugrenzen.

© 2009 Cornelsen Verlag, Berlin

Schlimme Jahre und alte Geschichten
Fremdarbeiter und Flüchtlinge

Im Eingangskapitel bekennt der Ich-Erzähler, dass das Dorf, in dem er „den ersten Sommer nach Kriegsende verbrachte", als eine „Insel des Friedens" erschienen sei. Dieser Eindruck scheint nun, zehn Jahre später, durch das entsetzliche Verbrechen gründlich gestört. Der Roman lässt aber im weiteren Verlauf keinen Zweifel daran, dass es mit dem Frieden in Wirklichkeit auch nicht weit her war.

1 Auch Begriffe haben ihre Geschichte. „Fremdarbeiter" ist der ältere Begriff. Seit „der Wende zum 20. Jahrhundert in Gebrauch", wird er erst in den sechziger Jahren durch „Gastarbeiter" ersetzt. Für die in der NS-Zeit so genannten „Fremdarbeiter" setzt sich demgegenüber der Begriff „Zwangsarbeiter" durch. Die öffentliche Diskussion über diese Menschen hat sich gewandelt. Es wächst die Sensibilität dafür, dass die alten Begriffe nicht mehr verwendet werden können, ohne Missverständnisse zu wecken. Die damals mit „Gastarbeiter" verbundenen Implikationen sind aus heutiger Sicht ebenfalls obsolet, sodass auch dieser Begriff aus der politischen Diskussion verschwunden ist und durch sachlichere Bezeichnungen (etwa „ausländische Arbeitnehmer und Arbeitnehmerinnen") ersetzt wird.

2 a/b Am Beispiel des Franzosen Pierre und der polnischen Halbjüdin Amelie stellt der Roman zwei Menschen vor, die in den Kriegsjahren auf dem Hof der Familie Sterzer (Pierre) bzw. Danner (Amelie) als Arbeitskräfte eingesetzt wurden. Wie Maria Sterzer berichtet (S. 80–83), konnten die Arbeits- und Lebensbedingungen für solche zwangsweise eingesetzten Arbeitskräfte sehr unterschiedlich sein. Während Pierre, so jedenfalls die Erinnerung der Bäuerin, in der Familie Sterzer für seine Arbeit Anerkennung findet, trifft es die Polin sehr viel ärger. Ihr Selbstmord ist daher in den Augen der Frau Sterzer die Folge dieser Ausbeutung durch den alten Danner. Natürlich sind das alles nur Gerüchte (der alte Danner habe der jungen Frau nachgestellt, er habe sie geschlagen und der Selbstmord sei im Nachhinein mithilfe des damaligen Bürgermeisters „vertuscht" worden), dennoch vermittelt der Roman den Eindruck, dass es sich hier um eine dunkle Geschichte handelt, die sich ausgerechnet am Tatort der späteren Mordtat ereignete. Kein Wunder, dass der Bürgermeister, darauf angesprochen, abwehrt und auf die mögliche Labilität Amelies als Selbstmordursache hinweist (S. 87).

3 Maria Sterzer gibt ein anschauliches Beispiel dafür, wie und warum solche ausländischen Arbeitskräfte in der Landwirtschaft zwangsweise eingesetzt wurden. Während ihr Mann als Soldat eingezogen ist, funktioniert die Arbeit auf dem Hof nur dank dieser fremden „Hilfe". Was Maria Sterzer in ihren Erinnerungen als einen Akt selbstverständlicher Menschlichkeit hinstellt, ist ihr damals offenbar angekreidet worden. Es entsteht prompt der Verdacht, sie habe „ein Verhältnis mit einem Franzosen" gehabt, wie der Bürgermeister auch zehn Jahre später noch vermutet (S. 86).

4 a Mit Vinzenz Spangler spielt eine weitere dunkle Geschichte „von damals" in dem Roman eine besondere Rolle. Der junge Mann kam „als Flüchtling aus dem Osten" (S. 114) und war froh, dass er auf dem Dannerhof einen Platz zum Arbeiten fand. Aus dem Kreis der Befragten erinnern sich mehrere an ihn: Anna Hierl (S. 93 f.), die Kramerin (S. 101), die Pfarrersköchin (S. 106) und der Pfarrer (S. 110). Rätselhaft bleibt, warum dieser Mann so kurz nach der Heirat plötzlich verschwindet. Auch hier brodelt wieder die Gerüchteküche (er habe Geld vom alten Danner bekommen und sei nach Amerika …).

b Aus Barbaras Sicht (S. 114) wird deutlich, wie und warum Vinzenz Spangler in die Heirat einwilligte und warum die Ehe nur so kurz dauerte. Hier wiederholt sich die Zweckheirat, so scheint es, wie sie schon der alte Danner bei seinem Einheiraten praktizierte, nur mit dem Unterschied, dass diese jüngere Zweckheirat an der Vater-Tochter-Beziehung zerbricht. Der Pfarrer erinnert sich (S. 110), die beiden als eine der Ersten nach dem Krieg getraut zu haben. Für den jungen Vinzenz findet er manche treffende Erklärung, scheint aber auch im Nachhinein noch blind für die tatsächlichen Zusammenhänge damals zwischen Barbara, ihrem Vater und ihrem Ehemann.

5 Die Begriffe spielen in der politischen Diskussion der Nachkriegszeit ebenfalls eine wichtige Rolle. Viele „Flüchtlinge" legen Wert auf die Feststellung, dass sie vertrieben wurden. Vor diesem Hintergrund entstehen in der BRD Verbände von Vertriebenen oder Heimatvertriebenen.

Schlimme Jahre und alte Geschichten

„Arbeiten muss man überall"

In den Kriegs- und Nachkriegsjahren sind Frauen als Arbeitskräfte – ob in der Industrie oder in der Landwirtschaft – stark gefragt. Mit dem wirtschaftlichen Wiederaufstieg in den 50er Jahren ändern sich langsam die Verhältnisse. Die jungen Frauen verlassen zunehmend die ländlichen Regionen und orientieren sich hin zur Stadt. Diese Entwicklung wird auch in *Tannöd* erkennbar.

1 Welche Informationen über Frauenarbeit in der Landwirtschaft der 50er Jahre vermittelt das obere Foto? Welche Zusammenhänge mit dem *Tannöd*-Roman sehen Sie?

2 In Schenkels Roman *Tannöd* erleben wir Frauen in unterschiedlichen Rollen und unterschiedlichen Altern.
a Welche Rolle spielen die jungen Frauen? Vergleichen Sie Dagmar Sterzer und Anna Hierl.
b Welches Bild gewinnt man von den übrigen Frauen?

3 Wie die beiden unteren Fotos zeigen, entstehen neue Rollenbilder.
a Vergleichen Sie die beiden Fotos in dieser Hinsicht.
b Sammeln Sie weitere Fotos zu Frauen und ihrer Rolle in der Mitte der 50er Jahre.
Inwieweit können Sie dabei die Unterschiede zwischen städtischer und ländlicher Lebensweise dokumentieren?

4 Sonja Ziemann und Rudolf Prack sind das Traumpaar im deutschen Heimatfilm der 50er Jahre. Sammeln Sie Informationen zu diesen Filmen (z. B. *Grün ist die Heide* aus dem Jahr 1951) und prüfen Sie, welche weiblichen und männlichen Rollenbilder hier vermittelt werden.

© 2009 Cornelsen Verlag, Berlin

Schlimme Jahre und alte Geschichten

„Arbeiten muss man überall"

1 Das Foto (aufgenommen 1953) zeigt, wie anstrengend landwirtschaftliche Arbeit nicht zuletzt für Frauen damals sein konnte. Noch hat der Traktor die Pferde nicht ersetzt und noch müssen die Kartoffeln per Hand aus dem aufgepflügten Boden verlesen werden. Der Mann hinter dem Pferdegespann hat zumindest in diesem Moment die leichtere Aufgabe.

Der Bezug zu *Tannöd* liegt auf der Hand. Theresia Danner bringt ihre Tochter Barbara unter ähnlichen Umständen „während der Kartoffelernte auf dem Feld" zur Welt (S. 61f.). Ihr Mann treibt sie und die anderen an, die Ernte hat Vorrang vor allem.

Auch Maria Sterzer berichtet über die Anforderungen der Arbeit auf dem Hof. Hätte damals Pierre, der Franzose, nicht so „geschuftet, als ob es sein Hof wäre", dann „wäre alles den Bach runtergegangen" (S. 81). Ähnliche Erfahrungen machen auch Marie Meiler und Anna Hierl, die beide als Magd von dieser Arbeit leben müssen (vgl. S. 64 u. 91).

2a Angesichts der harten körperlichen Arbeit in der Landwirtschaft überrascht es nicht, dass die Bereitschaft der jungen Frauen sinkt, in diesem Umfeld zu arbeiten. Wie die Kramerin betont, werden andere Arbeitsplätze in der Fabrik, in der Stadt, dort, wo man sich die Finger nicht mehr so schmutzig macht, für junge Frauen attraktiver. Auch der alte Danner klagt darüber, dass sich „Knechte und Mägde für die Landwirtschaft" kaum noch finden lassen (S. 64).

Für Dagmar Sterzer, 20 Jahre alt, und Anna Hierl, 24 Jahre alt, gilt dies nicht. Dagmar wächst als Tochter eines Bauern in ihre Rolle als zukünftige Bäuerin hinein, während Anna Hierl für sich offenbar keine andere Perspektive sieht, als so wie bisher weiterzuleben. Den Weg in die Stadt könnte allenfalls Bettys Tante Lisbeth gesucht haben. Sie arbeitet „bei den Amis", wo genau, lässt der Roman allerdings offen.

b Die übrigen Frauen in *Tannöd* gehören anderen Altersgruppen an. Maries Schwester Traudl, 36 Jahre alt, lebt mit ihrem Mann und drei Kindern in bescheidenen Verhältnissen. Sie ist mit ihrer Aufgabe als Mutter und Hausfrau offenbar ausgelastet. Anna Meier, die Kramerin, 55 Jahre alt, hat ein „Geschäft", das, was man damals einen Kolonialwarenladen nannte. Hier wird noch über die Theke gekauft, was die Menschen so brauchen. Die Pfarrersköchin ist schon 63 und führt vermutlich ein sehr geregeltes Leben. Vielleicht kann man das auch von Babette Kirchmeier annehmen, die als Beamtenwitwe seit fünfzehn Jahren von der Pension ihres Mannes lebt.

3a Die beiden Fotos zeigen, dass in den 50er Jahren neue weibliche Rollenbilder entstehen. Die neue Mobilität ist vor allem für die junge Generation ein wichtiges Lebensziel. Das linke Foto zeigt eine junge Frau auf einem Roller, der von dem Automobilhersteller Auto-Union seit 1954 gebaut wurde und damals 850 Mark kostete. Die Kleidung wirkt eher modisch als sportlich, die Frisur entspricht mit den geordnet nach hinten gelegten Haaren dem relativ langen Kleid. Der Blick, der leicht geöffnete Mund, die Hände fest am Lenker – auf diese Weise vermittelt das Foto insgesamt das Bild einer selbstbewussten jungen Frau mit klaren Zielen und einer positiven Einstellung zur Zukunft.

Das rechte Foto (von 1958) zeigt ebenfalls eine junge Frau, die inmitten einer Vielzahl von Reiseprospekten ganz offensichtlich das Problem hat, das geeignete Ziel für die nächste Urlaubsreise auszusuchen. Mobilität und Reiselust kommen zusammen. Vor allem Italien wird zum Ziel einer ersten großen Reisewelle.

b Foto- und Bildbände zur Situation der Frau in den 50er Jahren finden sich leicht in öffentlichen Bibliotheken.

Einige Titel:

Corinna Wodarz: Mutters ganzer Stolz! Unser Haushalt in den 50er und 60er Jahren. Gudensberg-Gleichen: Wartberg Verlag 2006

Helmut Blecher: Damals spielten wir noch draußen! Unsere Kinderspiele in den 50er und 60er Jahren. Gudensberg-Gleichen: Wartberg Verlag 2006

Helmut Blecher: In die Berge, an die See! Unser erster Urlaub in den 50er und 60er Jahren. Gudensberg-Gleichen: Wartberg Verlag 2006

Rüdiger Dingemann: Deutschland in den 50er Jahren. Das waren noch Zeiten. München: Bucher 2006

Edgar Wolfrum: Die 50er Jahre. Kalter Krieg und Wirtschaftswunder. Darmstadt: Primus Verlag 2006

Die Schülerinnen und Schüler werden auf diese Weise auch Werbefotos finden, die deutlich machen, dass neue Technik und neue Geräte auch die tägliche Hausarbeit verändern und erleichtern. Neue Produkte für die Frauen (z. B. der Nylonstrumpf) oder neue Einkaufsgelegenheiten (der Supermarkt mit Selbstbedienung) kommen hinzu.

Allerdings entwickeln sich diese Neuerungen vorzugsweise in den städtischen Lebensräumen. Die Entwicklung in den ländlichen Regionen verläuft überall in Deutschland entsprechend langsamer.

4 Der Heimatfilm der 50er Jahre (etwa *Grün ist die Heide* aus dem Jahr 1951 oder *Der Förster vom Silberwald* von 1954) zeichnet ein Gegenbild sowohl zu den vom Krieg noch immer zerstörten Städten wie auch zu den tatsächlichen Lebensbedingungen in den ländlichen Regionen. In diesen Filmen ist die Welt noch (oder wieder) in Ordnung, die Rollen zwischen Mann und Frau sind klar verteilt.

Schlimme Jahre und alte Geschichten

„Langsam geht es bergauf"

Ein politisches Plakat aus dem Jahr 1952

Inwieweit die Menschen in dieser ländlich abgeschiedenen Region an aktuellen politischen Ereignissen Anteil nehmen, lässt der Roman weitgehend offen. Nur der Bürgermeister macht eine Ausnahme.

1 Antikommunismus spielt im politischen Denken des Bürgermeisters offensichtlich eine große Rolle.
a Zeigen Sie, wie diese Haltung in seinen Aussagen (S. 84–87) zum Ausdruck kommt.
b Stellen Sie sich vor, das nebenstehende Plakat hängt in seinem Amtszimmer. An welcher Stelle des Gesprächs verweist er darauf und wie kommentiert er die Aussage des Plakats?

2 Der Bürgermeister beruft sich mehrfach auf eigene Erfahrungen als Grundlage seiner Überzeugungen:
a z. B. in französischer Kriegsgefangenschaft: Was wollten Sie in diesem Zusammenhang von ihm genauer wissen?
b oder über das Kriegsende 1945: Was ist ihm im Blick darauf wichtig und in welchem Licht erscheint so das Kriegsende?

3 Warum legt der Bürgermeister so großen Wert darauf, die „alten Geschichten" ruhen zu lassen?

4 Über das vermeintliche Ende der „schlimmen Jahre" macht sich auch der Pfarrer Gedanken (S. 108 ff.).
Wie stellt er die Nachkriegsentwicklung in seinem Dorf dar und welche Bedeutung hat in diesem Zusammenhang der Mord auf dem Dannerhof?

5 Informieren Sie sich über die zeitgeschichtlichen Ereignisse, die der Bürgermeister anspricht:
Koreakrieg – Pariser Verträge – Chruschtschow – Heimkehr der Kriegsgefangenen.
Überlegen Sie, wie Sie die wichtigsten Informationen zu diesen Ereignissen in einer Wandzeitung zusammenstellen können. Vielleicht wollen Sie zur Veranschaulichung auch Fotos hinzuziehen.

Schlimme Jahre und alte Geschichten

„Langsam geht es bergauf"

Der Bürgermeister ist eine interessante Romanfigur in *Tannöd*. Er versucht die Ereignisse in dieser kleinen dörflichen Welt in die größeren politischen Zusammenhänge seiner Zeit einzuordnen und lässt dabei ein bestimmtes politisches Weltbild erkennen.

1a Es geht – Gott sei Dank! – wieder bergauf. Aber die Gefahr droht aus dem Osten. So ließe sich etwa die politische Grundüberzeugung des Bürgermeisters zusammenfassen, wie er sie (vor allem S. 86) zum Ausdruck bringt. Das Ende des Koreakrieges oder der Tod Stalins und die Übertragung der Macht auf Chruschtschow, einen Mann, mit dem sich Hoffnungen auf eine Liberalisierung verbinden, dürfen in seinen Augen nicht den Blick vor dem Weiterbestehen der Bedrohung trüben.

b Das abgedruckte Plakat aus dem Jahr 1952 könnte man sich in der Tat gut im Amtszimmer des Bürgermeisters vorstellen. Gegen die rote Flut, die von Osten heranbrandet, schützt sich der „freie" Westen durch einen Schutzdamm, in den sich seit den Pariser Verträgen auch die Bundesrepublik Deutschland wie ein noch fehlender letzter Baustein einfügt. So die Botschaft dieses Plakats, und der Bürgermeister wird vielleicht bei jeder passenden Gelegenheit seine Besucher mit dieser Aussage konfrontieren. Die passende Stelle im Gespräch liefert jener Absatz in der Mitte der S. 86, wo er Chruschtschow erwähnt.

2a Über die Erfahrungen während der Gefangenschaft äußert sich der Bürgermeister nur ganz allgemein. Natürlich: „Es war nicht einfach." Aber es war offenbar rasch vorbei und er war kurz nach Kriegsende schon wieder zu Hause. (Zum Vergleich: Johann Sterzer kehrt erst 1947 zurück!)

b Aufschlussreicher sind seine Äußerungen über die Erfahrungen bei Kriegsende. Zwar spricht auch er von einer Befreiung durch die Amerikaner, aber die Befreier haben in seinen Augen „wie die Vandalen [...] gehaust". Das Haus des damaligen Bürgermeisters und das Rathaus wurden besetzt und, so der Bürgermeister, „verwüstet", wichtige Aktenbestände (darunter auch die über den Tod der polnischen Halbjüdin!) gingen verloren.

3 „Was vorbei ist, ist vorbei." Dieser Grundsatz ist dem Bürgermeister besonders wichtig. Die Zeiten „waren damals schlimm genug", jeder habe darunter gelitten, wenn auch die einen mehr und die anderen weniger. Aber jetzt sei es an der Zeit zu vergessen. Schließlich verlange die neue Zeit, sich um die neuen Probleme und Herausforderungen zu kümmern, wachsam zu sein und nicht in alten Erinnerungen zu kramen. Dass der Bürgermeister besorgt sein kann, der Ruf seiner Gemeinde könne durch das schreckliche Verbrechen auf dem Dannerhof in Misskredit geraten, mag ja noch nachvollziehbar sein. Aber dass die von ihm propagierte Haltung eine Aufarbeitung der Vergangenheit auszuschließen versucht, entlarvt sie als politisch bequem und interessenbestimmt.

4 Der Pfarrer lässt in seinen Äußerungen über die Kriegs- und Nachkriegsjahre ebenfalls einen Hang erkennen, die politischen Zusammenhänge nur vage zu benennen. Die NS-Zeit ist in seinen Augen ein „Inferno", das Kriegsende ein „Zusammenbruch", der dazu führte, dass „die Begriffe von Moral und Ordnung" doch etwas „durcheinandergeraten" waren. In „stürmischen Zeiten" gibt es immer auch „Widrigkeiten des Alltags", mit denen die einen sich arrangieren, während die anderen daran zerbrechen. Wer so denkt und spricht, nimmt die politisch Verantwortlichen gar nicht erst in den Blick.

5 Diese Aufgabe sollte vielleicht von einer interessierten Schülergruppe übernommen werden. Möglichkeiten zur Information sind genügend vorhanden. Entsprechende Geschichtslehrwerke gibt es entweder in der Schule, im Elternhaus oder in Bibliotheken oder können von der Lehrkraft zur Verfügung gestellt werden. Recherchen über das Internet bieten sich ebenfalls an. Die Darstellung auf einer Wandzeitung, die im Klassenraum ausgehängt werden kann, ist auch eine reizvolle Gestaltungsaufgabe: Wie lassen sich die Ereignisse so präsentieren, dass sie sich auch vermitteln lassen?

Schuld und Vergebung

„Herr, erbarme dich unser!"

Abschnitt	Merkmale der Litanei	Bezug zur Romanhandlung
Anfangsteil S. 7 f.	mehrfache Anrufung des dreifachen Gottes mit der Bitte um Vergebung Anrufung der Heiligen mit der Bitte, sich vor Gott für die armen Seelen zu verwenden	leitet den Erzähltext ein; schafft eine atmosphärische Erwartungshaltung, die Opfer des Verbrechens (und den Täter?) als arme Seelen zu sehen
2. Abschnitt S. 17	Anrufung der Heiligen Maria Magdalena, der Heiligen Katharina und Barbara Anrufung der heiligen Jungfrauen und Witwen und aller Heiligen Anrufung Gottes	nach dem Tod der achtjährigen Marianne (zusammen mit ihrem kleinen Bruder die besonders unschuldigen Opfer des Verbrechens)
3. Abschnitt S. 31	Die wiederholte Bitte „Erlöse sie, oh Herr!" richtet sich an Christus, der die armen Seelen erretten soll.	Vorausgegangen ist der Tod Maries, ein weiteres unschuldiges Opfer dieser Tat.

Eine „Litanei zum Troste der armen Seelen" in einem Roman, der von einem schlimmen Verbrechen handelt?
Wer spricht dieses Wechselgebet, wer ist der Vorbeter, wer die antwortende Gemeinde? Und wer sind die armen Seelen?

1 Ergänzen Sie die Tabelle.

2 Drei weitere Abschnitte der Litanei fügen sich an die Aussagen von Befragten an: Dagmar Sterzer, Alois Huber und Franz-Xaver Meier.
a Vergleichen Sie, wie sich die drei Abschnitte der Litanei jeweils auf den vorausgehenden Textabschnitt beziehen lassen.
b Ließe sich der eine oder andere Abschnitt auch an anderer Stelle einfügen?

3 Stellen Sie sich vor, Sie wollen von dem Roman eine Hörbuch- oder Hörspielfassung machen. Wie fügen Sie die einzelnen Teile der Litanei in den übrigen gesprochenen Text ein?
a Wie viele Stimmen brauchen Sie für das Wechselgebet?
b Wie verteilen Sie die einzelnen Zeilen der Litanei auf die Stimme des Vorbeters bzw. der Gemeinde?
c Wie gestalten Sie die Übergänge?
Welche Möglichkeiten des Ein- und Ausblendens wollen Sie nutzen?

4 Allerseelen wird in der katholischen Kirche als Gedächtnistag aller Verstorbenen einen Tag nach dem Fest Allerheiligen, also am 2.11. gefeiert. Zum Allerseelentag gehört auch die Fürbitte für die armen Seelen, die im Fegefeuer für ihre zeitlichen Sündenstrafen büßen und auf die Erlösung und Aufnahme in den Himmel warten.
Zeigen Sie an Beispielen, wie die Litanei auf diese Glaubensvorstellungen Bezug nimmt.

5 Ein denkbarer Anlass für ein Wechselgebet „zum Troste der armen Seelen" wäre eine Totenandacht oder die Totenmesse vor der Beisetzung der Opfer des Verbrechens. Vorbeter wäre in diesem Fall der Pfarrer, die Gemeinde würde im Wechsel die „Antworten" übernehmen. Wie passt Ihrer Meinung nach eine solche Annahme in den Romanzusammenhang?

Herr, erbarme Dich unser!
Christus, erbarme Dich unser!
Herr, erbarme Dich unser!
Christus, höre uns!
Christus, erhöre uns!
Gott Vater vom Himmel,
　erbarme Dich ihrer!
Gott Sohn, Erlöser der Welt,
　erbarme Dich ihrer!
Gott Heiliger Geist, erbarme Dich ihrer!
Heilige Dreifaltigkeit, ein einiger Gott,
　erbarme Dich ihrer!

Heilige Maria, bitte für sie!
Heilige Gottesgebärerin, bitte für sie!
Heilige Jungfrau aller Jungfrauen,
　bitte für sie!

Heiliger Michael,
　bitte für sie!
Alle heiligen Engel und Erzengel,
Alle heiligen Chöre der seligen Geister,
Heiliger Johannes der Täufer,
　bittet für sie!
Heiliger Josef,
　bitte für sie!

Tannöd, S. 7

Schuld und Vergebung

„Herr, erbarme dich unser!"

Die in den Text eingefügten Abschnitte aus der „Litanei zum Troste der armen Seelen" gehören sicher zu den besonders ungewöhnlichen Merkmalen dieses Romans. Die Frage nach ihrer Funktion im Ganzen wie auch in den Teilen steht im Vordergrund dieser Seite.

1 Die Tabelle soll zunächst einmal einen Überblick verschaffen, an welcher Stelle der Romanhandlung Litaneiabschnitte eingefügt sind und welcher Zusammenhang mit dem Geschehen jeweils erkennbar ist. Auf die in der Tabelle bereits aufgeführten Abschnitte folgen Abschnitt 4 (S. 50 f.), Abschnitt 5 (S. 77), Abschnitt 6 (S. 88) und der letzte Abschnitt am Romanende (S. 125). In Abschnitt 4 werden die Bitten um Erlösung, gerichtet an Christus, fortgesetzt. In Abschnitt 5 lautet die Formel „Wir bitten dich, erhöre uns!". Abschnitt 6 enthält die dreimalige Anrufung Gottes mit der Bitte „Gib ihnen Ruhe!" bzw. mit der Steigerung „Gib ihnen die ewige Ruhe!". Das Schlussgebet („Amen!") folgt auf das Geständnis, das der Täter zuvor abgelegt hat.

2a Anfangs- und Schlussteil der Litanei rahmen die Romanhandlung ein. Die Abschnitte 2 und 3 werden, wie die Tabelle zeigt, an jeweils markanter Stelle eingefügt. Das ist in den drei folgenden Abschnitten insofern anders, als sie jeweils auf Kapitel folgen, in denen sich einzelne Befragte äußern. Immerhin ist Dagmar Sterzer die Erste, die (S. 49) vom Auffinden der Toten spricht. Alois Huber endet (S. 76) mit der eindringlich wiederholten Frage, warum auch die Kinder sterben mussten, sodass sich auch hier der Gebetstext sinnvoll anfügt. Die folgende Stelle steht dagegen in einem gewissen Kontrast zu den vorangegangenen Äußerungen des Bürgermeisters. Die Ruhe, die er von den Lebenden fordert, ist eine andere als die, die im Gebet für die Toten erfleht wird.

b Eine Überprüfung dieser Frage lässt deutlich werden, dass die Teile der Litanei doch sehr bewusst an bestimmter Stelle der Romanhandlung eingefügt sind. Es dürfte entsprechend nicht ganz leicht sein, andere Vorschläge zu machen. Vielleicht könnte man sich eine Einfügung dort vorstellen, wo auf den Erzählbericht über die letzten Stunden der Dannerin (S. 63) sofort der entsprechende Teil über den alten Danner folgt. Hier könnte entweder der Litaneiabschnitt von S. 50 f. oder der von S. 77 eingefügt werden.

3 a/b Für den Vorbeter wird eine Einzelstimme gebraucht, für die antwortende Gemeinde ein entsprechender Chor vieler Stimmen. In der Regel „antwortet" der Chor mit den jeweiligen Bittformeln (z. B. auf S. 50 f. „Erlöse sie, oh Herr!" bzw. am Schluss „Wir bitten dich, erhöre uns!") auf die vorangehenden Zeilen des Vorbeters. Das ist im ersten Abschnitt (S. 7 f.) etwas anders. Die einleitende dreifache Bitte („Herr, erbarme dich unser!") wird jeweils von der Gemeinde wiederholt, so wie es die Zeilen 4 und 5 auch vorgeben. Dort, wo die „Antwortformel" sich ändert, spricht der Vorbeter sie zunächst einmal vor.

c Bei der Gestaltung der Übergänge gibt es zwei Möglichkeiten: Entweder setzt der Sprechgesang dort ein, wo das vorhergehende Kapitel endet, oder man wählt eine Form der Einblendung, etwa so, dass der Beginn der Litanei leise schon zu hören ist, während die letzte Stelle aus dem vorhergehenden Kapitel noch gesprochen wird. Dann erst wird die Litanei zu normaler Lautstärke hochgefahren.

4 Diese Vorstellungen kommen auf S. 31 zum Ausdruck, wo „von der Qual des läuternden Feuers" die Rede ist, von der Gott die armen Seelen erlösen möge.
Auf S. 77 lesen wir dann auch „von den Strafen des Fegefeuers", denen all die ausgesetzt sind, die noch darauf warten und hoffen, in die „Gesellschaft der Auserwählten" aufgenommen zu werden, und damit jene „Ruhe" erlangen, die in dem Abschnitt auf S. 88 beschworen wird.

5 Dass die Mitglieder der Gemeinde sich nach der Entdeckung des Verbrechens am späten Nachmittag bzw. gegen Abend zu einer Gedenkandacht versammeln, dass sie vor der Beisetzung die Totenmesse (Requiem, von lat. requies: Ruhe) feiern, passt in den Romanzusammenhang, da wiederholt betont wird, wie die Rituale des katholischen Alltags das Leben dieser Menschen bestimmen. Der sonntägliche Kirchenbesuch ist feste Gewohnheit. Wenn jemand fehlt (wie die Familie Danner am Sonntag nach dem Mord), wird das sofort als ungewöhnlich wahrgenommen.

Schuld und Vergebung

„Beichten muss er"

Beichtstuhl in der Erfurter Severikirche

Brockhaus

Beichte

In der katholischen Kirche ist die Beichte Teil des Bußsakraments. Der Priester und Beichtvater erteilt dem Beichtenden die Absolution, nachdem dieser seine Sünden bekannt und gelobt hat, fortan nicht mehr zu sündigen. „Geschichtlich weist die äußere Form des Bußsakraments in der kath. Kirche bei Wahrung der Wesensmerkmale eine starke Entwicklung auf. [...] In der alten Kirche stand die Bußleistung im Bußverfahren ganz im Vordergrund. Sie war öffentlich (→Bußdisziplin): Ausschluss aus der kirchl. Gemeinschaft (Exkommunikation) mit Auflegung schwerer Bußwerke und Wiederaufnahme nach vollendeter Bußleistung (Rekonziliation). Doch galt schon zur Zeit Augustins (*430) der Grundsatz, dass geheime Sünde auch nur in geheimer Beichte (Ohren-Beichte) bekannt zu werden brauchten. Seit Beginn des MAs wurde die öffentl. Buße langsam durch die private abgelöst, wodurch die Beichte in den Vordergrund trat. Um das Jahr 1000 begann der heutige Brauch, die Lossprechung mit der Beichte zu verknüpfen und schon vor Ableistung der Bußwerke zu erteilen. Die früheren schweren Bußwerke wurden durch einfachere abgelöst, meist Gebete, auch Wallfahrten, Almosen u. a."

Brockhaus Enzyklopädie, Bd. 3. Stichwort „Bußsakrament"
Gütersloh: F. A. Brockhaus in der wissenmedia GmbH

Tannöd endet mit einer Art Beichte. Es ist nicht etwa ein Kommissar, der den Täter überführt und zum Geständnis zwingt, sondern dieser gesteht freiwillig seiner Schwägerin Anna Umstände und Ablauf der Tat.

1 Vergleichen Sie Georg Hauers Schuldbekenntnis mit einer Beichte im katholischen Sinn.
a Wie erlebt Georg Hauer selbst sein Geständnis?
b Warum wendet er sich mit seinem Beichtbedürfnis nicht an den Pfarrer seiner Gemeinde?

2 Wie beurteilen Sie diesen Romanschluss?

3 Barbara besucht am Tag vor der Mordnacht noch den Pfarrer, um eine Beichte abzulegen.
a Wie stellt der Pfarrer die Begegnung dar (S. 110 f.), wie Barbara (S. 112 f.)?
b Erläutern Sie, wie Barbara mit ihren Schuldgefühlen umgeht.

4 Hat auch der alte Danner Schuldgefühle?

5 Wie hätte der Pfarrer sich gegenüber Georg Hauer verhalten können, wenn dieser ihn nach der Tat aufgesucht hätte, um zu beichten?

6 Der Pfarrer – die Gemeinde – das Gemeindeleben: Wie sollte dieser Aspekt der Romanhandlung Ihrer Meinung nach in einer Romanverfilmung zum Ausdruck kommen? Machen Sie Vorschläge.

© 2009 Cornelsen Verlag, Berlin

Schuld und Vergebung

„Beichten muss er"

Die Art und Weise, wie der Täter am Ende des Romans seine Tat gesteht, und die Erklärungen, die er für sein Handeln gibt, stehen hier im Vordergrund der Betrachtung.

1 a/b Georg Hauer erlebt sein Geständnis selbst als einen Versuch, sich von der Last und dem Zwang, der seit Jahren auf ihm liegt und der zu dieser schrecklichen Tat führte, zu „befreien" (S. 123). „Beichten" in diesem Sinne kann insofern ganz allgemein im Sinne von „etwas gestehen" gemeint sein. Allerdings ist dieses Schuldbekenntnis mit der Erwartung verbunden, durch Anna eine Art „Absolution" zu erhalten. Auf diese Weise wird das Schuldbekenntnis wieder deutlicher in die Nähe der katholische Beichte gerückt. Anna kann jedoch nicht die Rolle des Beichtvaters übernehmen, und sie tut das auch nicht, denn sie bleibt stumm. Der entscheidende Unterschied zur katholischen Beichte liegt allerdings darin, dass Georg Hauer die Existenz eines christlichen Gottes bestreitet, und damit fehlt ihm die Gewissheit, dass Gott von einer solchen Schuld befreien kann und dies auch tut.

2 Wie man diesen Romanschluss beurteilt, hängt u.a. davon ab, für wie glaubwürdig man Georg Hauer als Romanfigur und seine Erklärungen für die Tat hält. Mit seinem Drang zu erzählen wendet er sich an seine Schwägerin, weil es sonst für ihn in dieser dörflichen Welt keinen Ansprechpartner für ein solches Geständnis gibt. Allerdings überraschen am Ende die religionsphilosophischen Überlegungen darüber, ob es einen Gott gibt oder nicht, die das Bild über diesen Bauern plötzlich in einem komplexeren Licht erscheinen lassen.

3a Der Pfarrer spielt die Begegnung eher herunter. Er erkennt zwar, dass Barbara mit der Absicht zu beichten zu ihm gekommen ist, er lässt sie jedoch dann gehen. Die Spende über 500 Mark (in den 50er Jahren eine stattliche Summe) nimmt er ebenso kommentarlos entgegen. Was Gegenstand eines richtigen Beichtgesprächs zwischen Barbara und dem Pfarrer hätte werden können, erfährt man dann erst aus Barbaras Darstellung. Sie kann diesen Pfarrer als ihren Beichtvater nicht akzeptieren.

b Barbara wehrt sich zudem dagegen, die eigene Mitverantwortung für das Geschehene anzuerkennen. Schuldgefühle, die sie anfangs durchaus verspürte, hat sie mit der Zeit mehr und mehr verdrängt. Sie sieht sich als Opfer. Dass sie allerdings ihren eigenen Argumenten nicht ganz traut, zeigt die Spende, mit der sie „Abbitte" leisten und sich freikaufen will.

4 Ob der alte Danner Schuldgefühle kennt, lässt der Roman offen. Es gibt, sieht man einmal von den wenigen Gedanken dieser Figur (S. 64 f.) ab, keine Danner'sche „Innensicht", die Aufschluss darüber geben könnte. Kein Zweifel jedoch, dass dieser Mann allen Anlass zu Schuldgefühlen hätte. Die Art, wie er sich zum Besitzer des Hofes macht, wie er seine Frau betrügt, die Tochter missbraucht, die Polin als Arbeitskraft behandelt, ergibt das Gesamtbild eines skrupellosen Mannes, der seine Triebe hemmungslos auslebt. Umso unbegreiflicher bleibt, wie der Pfarrer ihn dennoch in Schutz zu nehmen (S. 108 f.) versucht. Die patriarchalische Haltung, die der alte Danner auf seinem Hof praktiziert, mit einem Hinweis auf das Alte Testament noch als die Form einer spezifischen Gläubigkeit darzustellen, ist entweder Beschönigung der tatsächlichen Verhältnisse wider besseres Wissen oder das Resultat von Unkenntnis über die Verhältnisse auf dem Dannerhof.

5 Die in der Aufgabe enthaltene Voraussetzung ist nur theoretisch denkbar. Georg Hauer mag zwar den Sonntagsgottesdienst besuchen (das lässt der Roman offen), aber er ist nicht gläubig. Und dass er den Weg zu diesem Pfarrer gefunden hätte, erscheint ebenfalls schwer vorstellbar. So bleibt nur der Hinweis auf das Beichtgeheimnis, das den Pfarrer auch in einem solchen Fall bindet. Er darf sein Wissen nicht an Dritte weitergeben. Das schließt natürlich nicht aus, dass er dem Beichtenden dringend nahelegt, die Tat auch gegenüber der Öffentlichkeit einzugestehen, sich der Polizei zu stellen und durch die Übernahme der weltlichen Strafe Frieden mit seinem Gewissen zu machen.

6 Dieser Aspekt sollte bei einer Verfilmung des Romans eine wichtige Rolle spielen. Das Denken der Menschen in *Tannöd* ist insgesamt stark von christlich-katholischen Vorstellungen geprägt.
In der „Litanei" ist zudem, so könnte man annehmen, die gesamte Gemeinde im Roman stets „präsent".

Eine Autorin und ihr Romandebüt

Ein Treffen mit Andrea Maria Schenkel

Annette Kuhn/Andrea Maria Schenkel

Triebe & Hiebe. Nach *Tannöd* nun *Kalteis*

„Ich bin Hausfrau", sagt Andrea Maria Schenkel. Aus Frust begann die Bayerin mit dem Schreiben. Ihr schmales Debüt „Tannöd" wurde die Sensation des letzten Jahres. Ihr zweites Buch „Kalteis" erzählt wieder eine wahre Geschichte. WELT ONLINE hat die Bestsellerautorin besucht.

Das Treffen wäre fast geplatzt. Nach München wollte Andrea Maria Schenkel kommen, dorthin, wo ihr neues Buch *Kalteis* spielt. Doch ein Arzttermin ihrer Mutter ist dazwischengekommen. Das hat Priorität. [...]

Andrea Schenkel kommt dann aber doch, ein paar Stunden später halt. Eine schmale Frau mit hellen Augen. Sie lässt sich nicht festlegen auf die Krimiautorin. „Ich bin Geschichtenerzählerin." Ungeschminkt ist sie, die dunklen Haare zurückgebunden. Es muss oft schnell gehen in ihrem Alltag, da gibt es keine Zeit für Extras oder Allüren. Vielleicht macht gerade das ihren Charme aus. [...]

Die Faszination für mörderische Themen durchzieht ihr Leben wie ein roter Faden. Erst war da dieser Kakaofleck. Dieser Kakaofleck, der zum Blutfleck wurde. Dieser Blutfleck, um den sich im Kopf der achtjährigen Andrea Schenkel eine mörderische Geschichte entfaltete. Dann hat sie einen Ordner angelegt und diese Geschichte abgeheftet und bald viele andere Geschichten auch: Kriminalgeschichten, blutige Geschichten. „Andere Kinder spielen Gummitwist, ich habe lieber gelesen und geschrieben."

Beim Schreiben taucht Andrea Maria Schenkel in eine komplett andere Welt hinein. „Man tastet sich ja an die Figur heran und irgendwann ist es logisch, zwingend. Die Figur muss so sprechen, sie kann nicht anders handeln. Es ist schon seltsam: Wenn man sich über Monate mit einer Figur auseinandersetzt, dann ist es ab einem gewissen Zeitpunkt so, als existiere sie wirklich." Und sie staunt über das, was sie dabei zu Papier bringt: „Ich bin jemand, der sehr ungern streitet, ich finde nichts furchtbarer als Konflikte – und dann schreibe ich so etwas." Aber wenn sie vom Schreibtisch aufsteht, ist diese andere Welt weg.

Wie auch der ganze Rummel nach *Tannöd* kaum etwas in ihrem Leben geändert hat. Zu Hause in Pollenried, einem kleinen Ort in der Nähe von Regensburg, „bin ich immer noch die Andrea". Mutter von drei Kindern, die ihrem Mann, einem HNO-Arzt, bei der Abrechnung hilft und die kein Problem damit hat zu sagen: „Ich bin Hausfrau." Es ist alles so, wie es immer war, „ich möchte auch gar nicht, dass sich das ändert". Beschaulich wirkt ihr Leben, heil und normal. Nur ihr Mann spürt doch manchmal, dass etwas anders geworden ist. Früher war Andrea Maria Schenkel die Frau vom Doktor, heute heißt es schon mal: Das ist der Mann von der Schriftstellerin.

Der jüngere Sohn findet es cool, dass Mama nun Bücher schreibt, der älteste eher uncool und die Tochter freut sich, dass nun manchmal eine Studentin als Babysitterin kommt, zum Beispiel wenn sich die Mutter zum Schreiben nach Irland zurückzieht. Denn die Studentin macht all die Sachen, die die Mutter nicht mag. „Ich hasse Freibäder, ich hasse Spielplätze und ich hasse Hüpfburgen." Mit der Mutter kann man nur in Museen gehen oder lesen.

Andrea Maria Schenkel liest viel über Mordfälle, vor allem Sachbücher. So hat sie sich wie in *Kalteis* auch in ihrem Debüt *Tannöd* von einem realen Fall inspirieren lassen. Einem Mord, der sich 1922 in dem oberbayerischen Dorf Hinterkaifeck abgespielt hat: Sechs Menschen wurden hier tot gefunden, erschlagen mit einer Spitzhacke, darunter zwei Kinder und die Magd, die erst einen Tag auf dem Hof verbracht hatte. Bis heute ist der Fall nicht geklärt, der Täter nicht gefunden. Andrea Schenkel verlegte das Geschehen in die Fünfzigerjahre, in ein fiktives Tannöd. Gemeint ist keines der tatsächlich in Bayern existierenden Tannöde. [...] Die Realität ist für Andrea Maria Schenkel aber auch eine Art Rettungsanker. „Das klingt vielleicht arrogant, aber für mich sind die beiden ersten Bücher Übungen, Stützen." Der reale Bezug bietet ihr ein Gerüst, an dem sie sich festhalten kann. Ihr drittes Buch aber soll ohne eine solche Stütze auskommen, „es wird eine ganz und gar fiktive Geschichte". Vorstellen, dass es mal wieder aufhört mit dem Schreiben, kann sie sich heute nicht mehr.

http://www.welt.de/kultur/article 1094213 (Stand: 2.10.2009)

Eine Autorin im Gespräch mit Journalisten:
Was erfährt man über Andrea Maria Schenkels Leben und über ihre Art zu schreiben?

© 2009 Cornelsen Verlag, Berlin

Eine Autorin und ihr Romandebüt

Ein Treffen mit Andrea Maria Schenkel

Es ist wie immer im Literaturbetrieb: Feiert eine Autorin wie Andrea Maria Schenkel mit einem Erstling einen Überraschungserfolg, dann gilt das Interesse der Medien nicht nur dem Werk, sondern ebenso sehr der Autorin. Es gibt Berichte über Lesungen und andere öffentliche Auftritte und es gibt Interviews. Das auf der Kopiervorlage ausgewählte WELT-ONLINE-Interview ist nur ein Beispiel unter vielen. Anlass des Treffens war Schenkels gerade erschienener zweiter Roman *Kalteis* (2007). Ähnliche Beiträge finden sich auch in anderen großen Tageszeitungen oder Nachrichtenmagazinen, die bei Bedarf zum Vergleich herangezogen werden können. (Vgl. etwa *Bestseller kann man nicht planen* unter www.stern.de/kultur/buecher vom 6. 8. 2007.)

Über das Leben von Andrea Maria Schenkel erfährt man zunächst, dass sie Hausfrau ist, dass sie in Pollenried in der Nähe von Regensburg lebt, verheiratet ist (ihr Mann führt eine Praxis als HNO-Arzt) und drei Kinder, zwei Söhne und eine Tochter, hat. Bislang war ihr Leben, so scheint es, durch die Familie und die Mitarbeit in der Praxis ihres Mannes ausgefüllt. Zur Familie gehört auch die Mutter, um die sich Andrea Maria Schenkel ebenfalls kümmert.

In dem kleinen Dorf Pollenried kennt jeder jeden und man spricht sich mit dem Vornamen an. Sie ist „die Andrea" und bislang war sie „die Frau vom Doktor". Durch den unverhofften Ruhm als Schriftstellerin ändert sich das gerade. Die wenigen Hinweise zum Aussehen werden im Originalbeitrag noch durch ein Foto der Autorin ergänzt.

Einige Angaben lassen sich aus dem oben genannten Stern-Interview noch hinzufügen: Andrea Maria Schenkel ist 1962 geboren; als sie mit dem Schreiben beginnt, hat sie die Vierzig bereits überschritten. Interessant auch die Hinweise, dass sie als Schülerin im Fach Deutsch und auch mit ihrer Deutschlehrerin Probleme hatte. Von einer Rechtschreibschwäche und schlechten Noten im Fach Deutsch ist die Rede.

Wie kommt nun eine solche Frau zum Schreiben? Was veranlasst sie, solche Geschichten zu erzählen, in denen brutale Verbrechen im Mittelpunkt stehen? Schon als Kind, so erfährt man, hat sie ein Faible für „blutige Geschichten" und „für mörderische Themen". Ein Kakaofleck setzt ihre Fantasie frei und der imaginierte Blutfleck wird zum Auslöser einer solchen Geschichte. Weitere Geschichten entstehen und werden in einem Sammelordner abgeheftet. Lesen und Schreiben sind dem Kind wichtiger als die üblichen Spiele.

Leider lässt das Interview an dieser Stelle offen, warum der Hang zum Schreiben, zum Geschichtenerzählen nicht früher zum Publizieren führte. Fehlten entsprechende Anregungen, standen berufliche oder familiäre Verpflichtungen dem im Wege? Dazu hätte man gern Genaueres erfahren.

Immerhin gibt der Schlussabsatz wichtige Hinweise darüber, wie Andrea Maria Schenkel reale Fälle als Vorlage für ihre ersten beiden Romane *Tannöd* und *Kalteis* nutzte. Sie übernimmt den Plot nahezu unverändert aus entsprechenden Sachbüchern, aus Akten und Dokumenten und hat in diesem Sinne eine inhaltliche Stütze, an der sich das eigene Erzählen entfalten kann. Von diesem Verfahren will sie sich allerdings in Zukunft trennen. Ihr drittes Buch, das inzwischen unter dem Titel *Bunker* vorliegt, erzählt eine rein fiktive Geschichte.

Aufschlussreich sind auch die Hinweise darauf, dass die intensive Beschäftigung mit den unterschiedlichen Romanfiguren für die Autorin beim Schreiben eine hohe Bedeutung hat. Sie „tastet" sich, wie es heißt, „an die Figur heran" und probiert aus, wie diese sprechen kann. Auf diese Weise wird die Figur nach und nach lebendig. An dieser Stelle fühlt man sich vielleicht besonders an *Tannöd* erinnert, vor allem an die Kapitel, in denen die unterschiedlichsten Dorfbewohner sich im Gespräch mit einer je individuellen Sprache zu Wort melden, wobei die Spanne von der achtjährigen Betty bis hin zu der 86-jährigen Beamtenwitwe Babette Kirchmeier reicht.

Zur Frage, „wo, wie und wann" sie mit *Tannöd* angefangen habe, antwortet die Autorin:

„Ich kann mich nicht mehr genau an das Datum erinnern. Es war jedenfalls ein Nachmittag im Mai 2004 und ich fing so an: ‚Betty, acht Jahre. Die Marianne und ich sitzen in der Schule nebeneinander.' Ich habe diesen Satz in unserem Arbeitszimmer auf dem Laptop geschrieben. Die Tür des Arbeitszimmers war offen, ebenso die Tür zum Zimmer meiner Tochter. Sie war damals fünf Jahre alt und spielte in ihrem Zimmer. Von meinem Platz am Schreibtisch aus konnte ich sie sehen."

(In: Stern.de-Interview)

Eine Autorin und ihr Romandebüt

Stationen eines Erfolgs

Die Autorin im März 2007

Im Juli 2004 tritt Andrea Maria Schenkel an das freie Lektorat und Redaktionsbüro Unger-Kunz heran, sie bei der Abfassung eines noch nicht abgeschlossenen Manuskriptes zu unterstützen (Autorenberatung).

Ab September 2004 finden im Lektorat Textbesprechungen statt, danach erfolgt eine gründliche Überarbeitung des Rohmanuskripts von *Tannöd* durch Unger-Kunz.

Die Autorin beauftragt Unger-Kunz, sie mit einer umfassenden Publikationsberatung bei der Suche nach einem Verlag zu unterstützen (Abfassung von Anschreiben, Literaturgutachten etc.).

Im April 2005 erhält Andrea Maria Schenkel nach nur wenigen Monaten die Veröffentlichungszusage des Hamburger Verlags Edition Nautilus.

Am 11. Mai 2005 kommt es zur Vertragsunterzeichnung zwischen der Autorin und dem Verlag Edition Nautilus.

Im Februar 2006 erscheint *Tannöd* mit einer Startauflage von 3 000 Exemplaren.

Im März/April 2006 belegt der Band Platz 1 der Krimi-Weltbestenliste, einer monatlich veröffentlichten Auswahl von Neuerscheinungen, ausgewählt von auf Kriminalliteratur spezialisierten Literaturkritikern, in Kooperation mit der Zeitung Die Welt, Arte und NordwestRadio.

Am 10. März 2006 findet die erste Autorenlesung in der Heimatgemeinde Andrea Maria Schenkels, in Nittendorf statt.

Nach der Vorstellung in der Literatursendung von Elke Heidenreich „Lesen!" am 19.1.2007 belegt *Tannöd* ab Februar 2007 über mehrere Monate Platz 1 der Spiegel-Bestsellerliste.

2007 wird *Tannöd* mit dem deutschen Krimipreis, mit dem Friedrich-Glauser-Preis (Debüt), dem Corine-Preis (Kategorie Weltbild-Leserpreis) und 2008 mit dem Martin-Beck-Award International ausgezeichnet.

Am 20. Februar 2008 gewinnt Andrea Maria Schenkel den gegen sie vom Münchner Journalisten Peter Leuschner angestrengten Plagiatsprozess in der ersten Instanz.

Im März 2008 findet die Uraufführung der Bühnenfassung von *Tannöd* im Tiroler Landestheater, Innsbruck statt, deutsche Erstaufführung im April 2008 im Staatsschauspiel Dresden.

Der Band wird in 20 Sprachen übersetzt, es werden eine Hörspielfassung produziert und ein Hörbuch veröffentlicht.

Bis 2009 verkauft sich der Band über eine Million Mal.

Am 19. November 2009 wird der Filmstart des Kinofilms „Tannöd" unter der Regie von Bettina Oberli (Wüste Film West/ Co-Produktion Constantin) gefeiert (vgl. www.tannoed.film.de).

Abdruck mit freundlicher Genehmigung des Lektorats Unger-Kunz (www.unger-kunz.de)

1 Untersuchen Sie diese Datenliste.
a Welche inhaltlichen Schwerpunkte lassen sich unterscheiden?
b Über welche der oben aufgeführten „Stationen" möchten Sie mehr und Genaueres erfahren?

2 Informieren Sie sich im Internet unter dem Stichwort „KrimiWelt-Bestenliste" über diesen Krimipreis.

3 Wie lässt sich die obige „Stationen"-Liste aktualisieren?

Eine Autorin und ihr Romandebüt
Stationen eines Erfolgs

Pro Jahr erscheinen in Deutschland ungefähr 700 neue Kriminalromane.
Diese Zahl muss man im Blick haben, um eine Erfolgsgeschichte wie die von *Tannöd* erst richtig würdigen zu können.

1a Beim Blick auf die Daten und Ereignisse, die auf dieser Seite zusammengestellt sind, bildet das Erscheinen des Romans im Februar 2006 eine Zäsur. In den Angaben zuvor wird deutlich, wie sich die Zusammenarbeit der Autorin mit dem von ihr gewählten Lektoratsbüro vom Juli 2004 an gestaltete. Die weiteren Daten zeigen, wie *Tannöd* mehrfach durch Preise ausgezeichnet wird und was alles dazu beiträgt, dass dieser schmale Roman so erfolgreich wird.

b Die Schülerinnen und Schüler werden möglicherweise erstmalig darüber in Kenntnis gesetzt, dass die von einem Autor oder einer Autorin erstellten Manuskripte vor ihrer Veröffentlichung durch ein Lektorat „betreut" werden. Ein solches Lektorat kann entweder innerhalb des Verlags angesiedelt sein oder – wie in diesem Falle – selbstständig und freiberuflich arbeiten. Über diese Zusammenarbeit erfährt man hier, dass es naturgemäß unterschiedliche Stadien der Texterstellung und -überarbeitung (vom „Rohmanuskript" bis hin zur fertigen Druckvorlage) gibt, in denen Fragen inhaltlicher Art (Handlungsführung, Personengestaltung und dergleichen) und solche sprachlicher Art zur Diskussion stehen. Als weiterer Aufgabenbereich wird die „Publikationsberatung" genannt. Die Suche nach einem Verlag, der bereit ist, das Risiko einer solchen Erstpublikation einer noch völlig unbekannten Autorin zu übernehmen, die Vertragsverhandlungen bis hin zur Unterzeichnung – auch hier ist Beratungsbedarf sicher vorhanden.

Zum literarischen Bestseller gehören dann weiterhin die Steigerung der Auflage und Verkaufszahlen, die Auszeichnung durch Literaturpreise wie auch die Übersetzung in andere Sprachen. Was *Tannöd* in dieser Hinsicht aufweisen kann, ist schon sehr beachtlich. Die Umsetzung der Romanvorlage in ein Hörbuch bzw. Hörspiel sind ein weiteres Zeichen für den Erfolg, ebenso die Produktion einer Theaterfassung und dann die Verfilmung (vgl. www.tannoed.film.de).

2 Wie ein Literaturpreis vergeben wird, können die Schülerinnen und Schüler am Beispiel der KrimiWelt-Bestenliste nachvollziehen: Die Jury besteht aus 19 Mitgliedern aus Deutschland, Österreich und der Schweiz, die einmal im Monat vier aktuelle Kriminalromane benennen und mit 7, 5, 3 oder einem Punkt bewerten. Das Ergebnis dieser Auswahl wird dann als KrimiWelt-Bestenliste veröffentlicht. Ziel der Preisvergabe, die in Kooperation von der Tageszeitung Die Welt, dem NordwestRadio und dem Fernsehsender Arte durchgeführt wird, ist es, angesichts der Vielzahl von Neuerscheinungen in diesem Bereich eine Orientierung über literarisch anspruchsvolle Kriminalromane zu geben.

3 Um die vorliegende Liste zu ergänzen und zu aktualisieren, bietet sich zunächst die Homepage der Autorin an (www.andreaschenkel.de).

Über die Links „Bücher", „Hörbücher", „Autorin", „Presse" und „Aktuell" findet man dort Informationen. Vor allem die beiden Folgeromane *Kalteis* und *Bunker* könnten in die Liste aufgenommen werden. Für *Kalteis* wurde Andrea Maria Schenkel erneut ausgezeichnet.

Wenn im November 2009 – wie angekündigt – die Verfilmung von *Tannöd* in die Kinos kommt, darf man auf den Start und das Echo in der Filmkritik gespannt sein.

Eine Autorin und ihr Romandebüt

Fragen an die Lektorin

Lektorat Unger-Kunz

Ihr Büro hat die Autorin Andrea Maria Schenkel bei ihren ersten Schreibversuchen begleitet und ihr Erstlingswerk Tannöd *lektoriert. Wie erklären Sie sich den Erfolg dieses Debüts?*

Lektorat Unger-Kunz: Das ist eine gar nicht so leicht zu beantwortende Frage. Die Qualität eines Textes allein beinhaltet ja noch keine Erfolgsgarantie. Gute Literatur hat es im Allgemeinen schwer, auf sich aufmerksam zu machen, erst recht, wenn es sich um ein Erstlingswerk handelt. Insofern war es eine ganz richtige Entscheidung der Autorin, sich von Anfang an die Unterstützung eines professionellen Lektorats zu sichern, das den Schreibprozess begleitete und den Text intensiv redigierte.

Ihr Büro betreut ja schon seit Jahren erfolgreich Autoren. Wie muss man sich Ihre Arbeit am Text von Tannöd *vorstellen?*

Unger-Kunz: Die Betreuung von *Tannöd* unterschied sich nicht von der anderer Manuskripte, die uns zugeschickt werden. Frau Schenkel bat uns, Sie bei der Entwicklung ihres Textes zu beraten und sie beim Schreibprozess zu unterstützen. Nach mehreren Beratungssitzungen und Gesprächen wurde das Manuskript, das übrigens von Anfang an den Arbeitstitel *Tannöd* trug, von uns redaktionell bearbeitet.

Haben Sie denn vieles am Text verändert?

Unger-Kunz: Ja, sicher war auch beim Manuskript von *Tannöd* noch intensive Arbeit am Text notwendig, um es zur Publikationsreife zu bringen Das ist aber keinesfalls ungewöhnlich. Vor allem bei Erstautoren bzw. noch relativ schreibunerfahrenen Autoren ist es die Aufgabe des Lektors, hier Hilfestellung zu leisten.

Was passierte denn nach dem Lektorat? War Ihre Arbeit an Tannöd *damit abgeschlossen?*

Unger-Kunz: Es folgten ausführliche Publikationsberatungen, in denen gemeinsam überlegt wurde, wie Verlage für das Manuskript interessiert werden könnten, welche Verlage wie angesprochen werden könnten, dazu gehörte beispielsweise auch, ein Anschreiben zu formulieren, das Verfassen eines Literaturgutachtens, das die Autorin zusammen mit einem Manuskriptauszug an Verlage schickte, die Beratung vor Unterzeichnung des Verlagsvertrags etc.

Im Zusammenhang mit Tannöd *war ja viel von „Hype" und Überraschungserfolg die Rede. Es entstand der Eindruck, dass der Erfolg dieses Bandes sozusagen unerwartet und „über Nacht" eintrat.*

Unger-Kunz: Der Eindruck ist so natürlich nicht ganz richtig. Zum einen geht der Verkaufserfolg des Bandes auf die massive Medienpräsenz von Autorin und Buch zurück, wobei hier sicher die Vorstellung in einer der zu dieser Zeit populärsten TV-Literatursendungen, in „Lesen!" von Elke Heidenreich, gewissermaßen die größte „Katalysatorwirkung" hatte. Auch dass die Autorin den Auftritt in den Medien nicht scheute und sozusagen als eigene Werbeträgerin auftrat, spielte sicherlich eine nicht zu unterschätzende Rolle.

Zum anderen kam noch ein weiterer Aspekt hinzu. Bei der Vermarktung der Autorin und ihres Werks stand ein bestimmtes Image im Fokus der Presse- und Medienarbeit bzw. der Berichterstattung: Das Bild der „schreibenden Hausfrau und Mutter aus der bayerischen Provinz", die über Nacht zur gefeierten, aber dennoch bodenständig gebliebenen Bestsellerautorin avancierte. Dieses Image wurde von der Autorin bei vielen Medienauftritten, auch in so genannten „Homestories", kommuniziert.

Grundsätzlich kann man sagen, dass das Internet und das Fernsehen heute eine immer größere Rolle bei der Literaturvermittlung spielen. Auch Verlage bedienen sich immer häufiger dieser Form der Vermarktung, lassen Videotrailer für ihre Neuerscheinungen produzieren und setzen auf Literatursendungen mit Absatzgarantie im mindestens fünfstelligen Bereich. Auch die Platzierung in Bestsellerlisten wie etwa der im Spiegel oder Focus haben einen sich selbst verstärkenden Effekt.

Abdruck mit freundlicher Genehmigung des Lektorats Unger-Kunz (www.unger-kunz.de)

---

1 Was erfährt man in diesem Interview über die Zusammenarbeit zwischen einer Autorin und einem Lektorat und über die Vermarktung von Neuerscheinungen?

2 Stellen Sie sich vor, Sie könnten Frau Unger-Kunz drei Fragen stellen. Was wollten Sie wissen?

© 2009 Cornelsen Verlag, Berlin

Eine Autorin und ihr Romandebüt
Fragen an die Lektorin

Diese Kopiervorlage ergänzt die Hinweise und Informationen, die in den „Stationen eines Erfolgs" schon aufgeführt wurden.

1 Die Fragen 2 und 3 beziehen sich auf die Zusammenarbeit zwischen Andrea Maria Schenkel und ihrem Lektoratsbüro. Offenbar gab es mehrere „Beratungssitzungen" und gemeinsame Gespräche über das Manuskript, das schon von Anfang an den Arbeitstitel *Tannöd* trug. Schließlich folgte die redaktionelle Bearbeitung des fertigen Manuskripts. Dazu gehört natürlich auch eine letzte Fehlerkorrektur. Inwieweit in einem solchen Stadium auch noch Textveränderungen (Kürzungen, Erweiterungen, stilistische Änderungen u.a.) vorgenommen werden bzw. werden müssen, lässt sich nur von Fall zu Fall entscheiden.

Die Vermarktung eines solchen Titels beginnt schon mit der Suche nach einem Verlag. In diesem Fall war es so, dass zusammen mit dem Anschreiben und einem Literaturgutachten ein Manuskriptauszug verschickt wurde mit dem offensichtlichen Ziel, auf diese Weise Interesse zu wecken.

(Über die Auswahl eines solchen Auszugs aus *Tannöd* können auch die Schülerinnen und Schüler nachdenken!)

Die weitere Vermarktung wurde dann in den Augen der Lektorin entscheidend durch die Medien beeinflusst. Ein Titel, der in einem bekannten Buchmagazin durch eine ebenso bekannte Moderatorin wie Elke Heidenreich empfohlen wird, hat eine ganz wichtige Einstiegshürde schon genommen. Die Fernsehauftritte der Autorin, vor allem das medienwirksame Bild der „schreibenden Hausfrau und Mutter aus der bayerischen Provinz" taten dann offenbar alles Übrige. Der Hinweis, dass Internet und Fernsehen bei der Literaturvermittlung heute eine immer größere Bedeutung erlangen, kann auch für die Schülerinnen und Schüler nützlich sein, diese Medien als Informationsträger wo immer möglich zu nutzen.

2 Der Lektorin eines Erfolgsromans Fragen stellen zu können, ist sicher für Schülerinnen und Schüler ein reizvoller Gedanke. Was alles fällt unter den Begriff „redaktionelle Überarbeitung"? Fehlerkorrekturen (Rechtschreibung, Zeichensetzung, stilistische Fragen u.a.) interessieren in diesem Zusammenhang sicher weniger. Die Schülerinnen und Schüler haben in dieser Hinsicht genügend eigene, oft unliebsame Erfahrungen. Wichtiger ist in ihren Augen der ganze Komplex inhaltlicher Veränderungen in einem solchen Manuskript. Das lässt sich am Beispiel etwa der in den Handlungszusammenhang eingestreuten Litanciauszüge gut diskutieren. Nehmen wir einmal an, das Lektorat hätte gegenüber dieser Idee Bedenken. Welche könnten das sein? Wie kann man solche Bedenken gegenüber einer Autorin geltend machen? Diese wiederum könnte ihre Entscheidung verteidigen und ihrerseits Argumente für diese Einschübe ins Feld führen. Wie könnte eine solche „Beratungssitzung" verlaufen? Vor allem: Wer entscheidet? Setzt sich die Autorin durch oder beugt sie sich dem Rat der erfahrenen Fachleute?

Es könnte aber auch ganz anders gewesen sein. Vielleicht stand zunächst nur ein Auszug aus dieser Litanei am Anfang und ein weiterer am Ende des Romans. Und dann kommt jemand auf die Idee, auch weitere Auszüge an passender Stelle zu verwenden.

Die Schülerinnen und Schüler würden demnach vor allem inhaltliche Fragen in den Vordergrund rücken. Außer dem oben ausgeführten Beispiel (Wer hatte eigentlich die Idee, die „Litanei zum Trost der armen Seelen" in dieser Weise zu verwenden?) könnte es um Fragen nach einzelnen Personen und ihrer Rolle im Roman gehen: Warum erfährt man über die Beziehung zwischen Dagmar Sterzer und ihrem Verlobten Alois Huber so wenig? Hier wiederholt sich doch etwas, was Barbara Spangler mit ihrem Ehemann Vinzenz schon praktiziert hat. Oder: Wieso beteuert Anna Hierl, sie sei, während sie beim alten Danner arbeitete, von diesem nie „belästigt" worden? Passt das zu ihrer Rolle im Roman oder hätte es auch anders sein können?

Projektvorschläge

Die Brücke – ein Antikriegsfilm

Klaus Hager (l., Volker Lechtenbrink) kann diese Hölle einfach nicht mehr ertragen.
Er schreit vor Angst nach seiner Mutter und hat sich in die Hose gemacht.
Karl Horber (Karl-Michael Balzer) brüllt ihn an und reißt ihn zurück an sein MG.

Theo Herold

„Dies geschah am 27. April 1945. Es war so unbedeutend, dass es in keinem Heeresbericht erwähnt wurde." Mit dieser Einblendung endet der Film *Die Brücke*.
Zuvor erzählt der Film, wie sieben etwa 16 Jahre alte Jungen in einer süddeutschen Kleinstadt ihrer Einberufung zur Wehrmacht entgegenfiebern, wie sie ihre letzten Schultage verleben, was sie in ihrer Freizeit treiben und wie der Familienalltag in diesen letzten Kriegstagen aussieht. Die kurze Ausbildung zum Rekruten dauert nur einen Tag, dann überstürzen sich die Ereignisse. Die Amerikaner rücken näher und die sieben Jungen werden unter der Führung eines Unteroffiziers dazu abgeordnet, eine alte, strategisch völlig bedeutungslose Brücke über den Fluss zu „verteidigen". Beim Bemühen, diesen Auftrag pflichtgetreu zu erfüllen, finden zunächst der Unteroffizier, danach sechs der Jungen den Tod.
Der 1959 unter der Regie von Bernhard Wicki gedrehte Film geht zurück auf den gleichnamigen Roman von Manfred Gregor, 1958 erschienen, in dem der Autor seine Erinnerungen an das Ende des Krieges verarbeitet.

„Ohne ideologischen Überbau, ohne Heldenverklärung oder Moralisieren schildert der Regisseur realistisch die Hintergründe, die die Jungen blind in ihr Verderben rennen lassen." (Aus: Die Chronik des Films. München Chronik Verlag 1994)

1 Sie können den Film *Die Brücke* als DVD in einer öffentlichen Bibliothek entleihen und in einer kleinen Gruppe die Vorführung vorbereiten. Überlegen Sie, ob Sie den Film ganz oder nur in ausgewählten Szenen vorführen wollen.

2 Vergleichen Sie Alois Huber aus Andrea Maria Schenkels Roman (S. 75 f.) mit den Jugendlichen aus Bernhard Wickis Film.

3 Im Unterschied zum *Brücke*-Film fasst Alois Huber im Rückblick nach zehn Jahren nur kurz zusammen, was er damals erlebt hat. Können Sie sich vorstellen, dass man diese Skizze als Vorlage für ein Filmdrehbuch nehmen könnte?

© 2009 Cornelsen Verlag, Berlin

Projektvorschläge

Die Brücke – ein Antikriegsfilm

Der Vorschlag knüpft an das Romankapitel an, in dem Alois Huber über seine schlimmen Erfahrungen in den letzten Kriegstagen berichtet (S. 74 ff.). Er wurde, gerade mal 15 Jahre alt, zur Wehrmacht eingezogen und in Regensburg stationiert, einer Stadt, die bereits von den Amerikanern eingeschlossen war und die sich auf das Ende des Krieges einrichtet. Diese Ausgangssituation erinnert an den berühmten Film Bernhard Wickis *Die Brücke* aus dem Jahr 1959, in dem eine ganze Gruppe noch minderjähriger Jugendlicher den ebenso sinnlosen wie verzweifelten Versuch unternimmt, eine Brücke gegen die anrückende amerikanische Armee zu verteidigen, ein Versuch, den die Jungen alle – bis auf einen – mit ihrem Leben bezahlen. Was der Roman *Tannöd* nur skizzenhaft andeutet, wird in Wickis Film in epischer Breite ausgeführt. Die Parallelen und die Unterschiede sollten bei einem Vergleich herausgearbeitet werden.

1 Der Film ist als DVD in öffentlichen Bibliotheken leicht zu entleihen und es liegt sicher nahe, seine Vorführung in der ganzen Lerngruppe zunächst einmal in einer kleinen Arbeitsgruppe vorzubereiten. Die Entscheidung, ob man den Film ganz oder nur in ausgewählten Szenen vorführt, wird man von den Interessen und der verfügbaren Zeit abhängig machen. Möglich ist beides. Die Kapitelgliederung („Soldatenmütter", „Letzter Schultag", „Familien im Krieg" usw.) erleichtert die Auswahl.

Der Film hat eine eigene Dramaturgie, indem er zunächst die Jugendlichen in ihrem schulischen und familiären Umfeld vorstellt. Dabei lässt er sich viel Zeit, bevor sich mit der Einberufung der Jungen zum Militär, ihrer eintägigen Ausbildung auf dem Kasernenhof und dem folgenden Einsatz gegen die Amerikaner das Geschehen bis zum bitteren Ende ständig zuspitzt. Die Kampfszenen, die Bilder der sterbenden Soldaten (auf beiden Seiten) verlangen den Betrachtenden schon einiges ab.

2 Die Jugendlichen in der *Brücke* werden alle als Opfer der NS-Ideologie gezeigt. Die Einberufung zur Wehrmacht ist für sie ersehntes Ziel, ebenso die Aussicht, „das Vaterland" gegen die „Angreifer" zu verteidigen. Die Uniform ist Ausweis dafür, nun als Erwachsene und „Männer" dazuzugehören. Umso schrecklicher das Erwachen, als sie den Krieg mit all seinen Schrecken kennen lernen und zuletzt noch die Einsicht gewinnen, dass der eigene Einsatz einem militärisch völlig unsinnigen Ziel dient.

Alois Huber zeichnet von sich selbst dagegen ein anderes Bild. Er hatte als Fünfzehnjähriger offenbar ein Gespür dafür, dass die Durchhalteparolen der Vorgesetzten angesichts der militärisch aussichtslosen Lage unsinnig waren, ebenso unsinnig wie der Befehl, auf die alten Männer und die Frauen mit ihren Kindern zu schießen, die durch Regensburg ziehen, um die Stadt kampflos an die Amerikaner zu übergeben.

So bleibt die Frage, wie der eine, Alois Huber, zu einer solchen realistischen Einschätzung der Situation in der Lage war, während die anderen, einzeln und in der Gruppe, selbst dann noch an ihren Idealen hängen, als der Krieg ihr Leben bedroht. Der Roman lässt die erste Frage offen. Ein anderes Elternhaus? Eine andere Sozialisation? Andere Freunde oder erwachsene Ratgeber? Der Film zeigt dagegen, warum es nicht gelingt, die Jugendlichen aus ihrer Verblendung zu befreien. Noch ist es gefährlich, Dinge beim Namen zu nennen, die meisten Erwachsenen spielen mit oder verschanzen sich hinter ihrer vermeintlichen Aufgabe. Und der Studienrat, der sich für seine Schüler entsprechend einsetzt, muss alle Vorsicht walten lassen.

3 Man kann sich die Erlebnisse des jungen Huber durchaus als Skizze für ein Drehbuch vorstellen. Die dramatischen Umstände, wie es ihm gelingt, sein Leben zu retten, die Hilfe einer alten Frau, die ihn drei Tage lang in ihrem Keller versteckt, die anschließenden acht Tage, die er sich zu Fuß bis in seine Heimat durchschlägt – hier sind Szenenfolgen bis hin zum glücklichen Ende gut vorstellbar.

Die anderen Umstände der Einberufung und die innere Distanz des Jungen gegenüber dem Militär und dem System müssten entsprechend deutlich werden, ebenso müsste es eine Antwort auf die Frage geben, wie dieser Junge zu seiner Haltung gekommen ist.

Projektvorschläge

Zwei ungewöhnliche Kriminalromane

Friedrich Dürrenmatt

Nachwort zum Roman *Das Versprechen*

Der vorliegende Roman ist mit dem Film, der leider den Titel *Es geschah am hellichten Tag* führt, auf folgende Weise verknüpft: Im Fühjahr 1957 bestellte der Produzent Lazar Wechsler bei mir eine Filmerzählung. Thema: Sexualverbrechen an Kindern. Beabsichtigt war, vor dieser leider immer häufigeren Gefahr zu warnen. Ich lieferte eine Erzählung ab, eine Vorfassung des Romans, die ich später mit dem Regisseur des Filmes, Ladislao Vajda, zu einem Drehbuch verarbeitete, das sich zum größten Teil eng an die Filmerzählung hielt. Es liegt mir daran, hier festzuhalten, daß der Film meinen Intentionen im Wesentlichen entspricht, daß der Roman einen anderen Weg gegangen ist, stellt keine Kritik an der hervorragenden Arbeit des Regisseurs dar. Der Grund liegt allein darin, daß ich mich nach der Fertigstellung des Drehbuches noch einmal an die Arbeit machte. Ich griff die Fabel aufs neue auf und dachte sie weiter, jenseits des Pädagogischen. Aus einem bestimmten Fall wurde der Fall des Detektivs, eine Kritik an einer der typischsten Gestalten des neunzehnten Jahrhunderts, und so schoß ich notgedrungen über das Ziel hinaus, das der Film, als eine Kollektivarbeit, sich setzen mußte.

Zürich: Diogenes 1985, S. 158

Der Fall
Ein neunjähriges Mädchen, Gritli Moser, wird ermordet aufgefunden.

Ein Hausierer
wird zu Unrecht verdächtigt und begeht in der Untersuchungshaft Selbstmord.

Der Detektiv
Dr. Matthäi von der Kantonspolizei Zürich.

Der Schauplatz
u.a. Mägendorf, ein kleines „Nest in der Nähe von Zürich"

Der Täter
ein Psychopath, der erst nach seinem Tod und durch Zufall entlarvt wird

Dass Kriminalromane wie *Tannöd* auch gegen die gängigen Erwartungen geschrieben werden, hat in der Geschichte dieser Gattung eine lange Tradition. 1958 erschien Dürrenmatts Roman *Das Versprechen* mit dem Untertitel *Requiem für den Kriminalroman*.

1 Welche Informationen enthält das Nachwort über die Entstehungsgeschichte des Romans?

2 Ein Vergleich zwischen Dürrenmatts *Versprechen* und Schenkels *Tannöd* kann folgende Aspekte herausgreifen:
a Die Schulmädchen als Opfer:
Gritli Moser geht in die 3. Klasse, Marianne in die 2. Beide haben eine „beste Freundin", die von einer Begegnung mit einem fremden Mann berichten: einem „Zauberer" in *Tannöd* (S. 11–16), einem „Riesen" im *Versprechen*, S. 45–49 u. S. 74 f.).
b Sexuelle Frustrationen in der Ehe als Nährboden der Verbrechen: Im *Versprechen* heiratet ein Dreiundzwanzigjähriger eine 55 Jahre alte Witwe. (Vgl. die Schlusskapitel beider Romane.)
c Die Rolle der Dörfler und ihre Reaktionen auf die Verbrechen:
Vgl. besonders die Kapitel 6 und 7 aus dem *Versprechen*, S. 24–37, mit den Berichten der Dorfbewohner aus *Tannöd*.
d Die Erzählperspektive: Auch in Dürrenmatts Roman agiert zunächst ein Ich-Erzähler (ein Schriftsteller), der sich im weiteren Verlauf die Geschichte erzählen lässt. Allerdings behält *Das Versprechen* im Unterschied zu *Tannöd* diese Konstellation bei.

© 2009 Cornelsen Verlag, Berlin

Projektvorschläge
Zwei ungewöhnliche Kriminalromane

Ein Vergleich zwischen Dürrenmatts *Versprechen* und Schenkels *Tannöd* könnte auf den ersten Blick bei all den offensichtlichen Unterschieden als unangemessen erscheinen. Dennoch ist dieser Vergleich sowohl in inhaltlicher als auch erzähltechnischer Sicht ergiebig und aufschlussreich. Der folgende Vorschlag geht davon aus, dass eine Schülergruppe diesen Vergleich vorbereitet und die Ergebnisse in der Lerngruppe vorstellt.

1 Von der Filmerzählung über das Drehbuch zum Roman – diese Entstehungsgeschichte ist ungewöhnlich, weil der Roman nicht – wie sonst üblich – am Anfang steht.

2a Beim Vergleich der beiden Schulmädchen als Opfer ist vor allem die Rolle interessant, die die jeweilige „beste Freundin" spielt. Andrea Maria Schenkel lässt die achtjährige Betty gleich zu Beginn des Romans ausführlich zu Wort kommen. Schon hier wird deutlich, dass Marianne eine lebhafte Fantasie hat und sich oft in eine Märchenwelt mit Zauberern flüchtet. Die Geschichten von der „wilden Jagd", die ihr die Oma immer wieder erzählt, beschäftigen sie ebenfalls.

Friedrich Dürrenmatt lässt seinen Kommissar Dr. Matthäi in die Schulklasse gehen, wo er von der kleinen Ursula erste Hinweise auf einen geheimnisvollen Riesen bekommt, mit dem Gritli Moser sich angeblich mehrfach getroffen habe. Diese Parallelen sind schon auffallend, allerdings zeigt sich in Dürrenmatts Roman, dass der vermeintliche Riese tatsächlich der Täter ist, während das Motiv des Zauberers in *Tannöd* mit dem Verbrechen selbst in keinem direkten Zusammenhang steht.

b Auch dieser Vergleichspunkt deckt interessante Parallelen auf. In *Tannöd* fühlt sich Georg Hauer über Jahre hinweg „eingesperrt" im Gefängnis seiner Ehe. Die Träume, die ihn verfolgen (vgl. S. 78 f.), bringen das zum Ausdruck. Als seine Frau nach langer Krebserkrankung stirbt, ist das für ihn wie eine Befreiung. Er beginnt schon bald ein Verhältnis mit Barbara Spangler, muss dann jedoch erfahren, dass er von ihr zurückgewiesen und ausgelacht wird. Diese Frustration löst sich im Affektmord an Barbara, dem die weiteren Morde wie im Reflex folgen.

Friedrich Dürrenmatt deckt die Identität des Täters in einer grotesken Erzählung einer alten Frau auf, die, 89 Jahre alt, kurz vor ihrem Tod noch eine „Generalbeichte" abgelegt hat und nun davon erzählt, wie sie mit 55 Jahren als Witwe den 23-jährigen Albert Schrott geheiratet hat. Dieser körperlich kräftige, aber geistig zurückgebliebene Mann bringt im Abstand von einigen wenigen Jahren nacheinander drei Mädchen um, im Wahn, „eine Stimme vom Himmel" habe ihm dies befohlen. Beim Versuch, ein weiteres Mädchen zu töten, wird er selbst Opfer eines Verkehrsunfalls. Während Georg Hauer bei seiner Beichte die Motive seines Handelns klar zu sein scheinen, ist sich die alte Dame im Verlauf ihrer „Generalbeichte" wohl nicht bewusst, welchen Schuldanteil sie selbst an diesen Verbrechen hat.

c In beiden Romanen schließen die Dorfbewohner aus, der Mörder könne in ihren eigenen Reihen zu finden sein. Allerdings stehen diese Dörfler in *Tannöd* deutlicher im Vordergrund der Romanhandlung, während Friedrich Dürrenmatt hier lediglich einen Schwerpunkt in den Kapiteln 4 (S. 18 ff.) und 7 (S. 28–37) setzt. Vor allem das letztere Kapitel macht deutlich, dass die Mägendorfer ebenfalls wenig von der Polizei und ihren Ermittlungen halten. Der Hausierer, der die Tat entdeckt hat und darauf in Verdacht gerät, wird fast zum Opfer ihrer Lynchjustiz.

d Den komplexen Wechsel unterschiedlicher Erzählperspektiven in *Tannöd* haben die Schülerinnen und Schüler inzwischen herausgearbeitet. Im Vergleich dazu ergibt sich in Dürrenmatts Roman *Das Versprechen* folgendes Bild: Im ersten Satz gibt sich sofort ein Ich-Erzähler zu erkennen, der als Autor von Kriminalromanen in Chur einen Vortrag hält, ausgerechnet über die „Kunst, Kriminalromane zu schreiben". Am Abend lernt er in der Hotelbar den ehemaligen Kommandanten der Kantonspolizei Zürich kennen, der ihm im weiteren Verlauf des Romans eine Geschichte erzählt, die sich neun Jahre zuvor ereignete und in der einer seiner Kommissare, Dr. Matthäi, eine wichtige Rolle spielte. Dieses Erzählarrangement wird über mehr als hundert Seiten beibehalten, bis sich der Ich-Erzähler in Kapitel 28 noch einmal zu Wort (S. 134 f.) meldet. Danach erzählt der Kommandant weiter, und als er am Ende seiner Geschichte angekommen ist, wendet er sich an seinen Zuhörer mit den Worten: „Und nun, mein Herr, können Sie mit dieser Geschichte anfangen, was Sie wollen. Emma, die Rechnung." (S. 157)

Vorschläge für Klassenarbeiten und Klausuren

Traudl Krieger über ihre Schwester Marie
Analysieren Sie die Textstelle: S. 22 Mitte bis S. 23 Ende.
Welches Bild über den familiären Hintergrund der beiden Schwestern gewinnt man hier?

Marie Meiler am Abend vor ihrem Tod
Analysieren Sie das Kapitel: S. 27–30. Welches Bild vermittelt der Erzähler von dieser Romanfigur?

Kurt Huber und die Familie Danner
Welches Bild hat der Monteur von dieser Familie? Auf welche Erfahrungen stützt er seine Einschätzung?
Analysieren Sie seine Aussagen (S. 40–45).

„Das Messer"
Analysieren Sie dieses Kapitel (S. 46 f.) und bestimmen Sie seine Funktion im Handlungszusammenhang des Romans.

„Dagmar, Tochter des Johann Sterzer, 20 Jahre"
Wie stellt sich diese junge Frau in ihren Aussagen (S. 48 f.) selbst dar?

Der alte Danner
Analysieren Sie das kurze Kapitel (S. 64 f.) und vergleichen Sie das Bild des Bauern, wie es hier geschildert wird, mit dem, das Anna Hierl in ihrer Einschätzung (S. 89–95) wiedergibt.

„Der Traum wiederholt sich …"
Analysieren Sie das Traumkapitel (S. 78 f.) und ordnen Sie die Textstelle in den Handlungszusammenhang des Romans ein.

„Über die Geschichten, die man sich erzählt, weiß ich nichts."
Zeigen Sie am Beispiel der Aussagen der Kramerin Anna Meier (S. 99–102), wie sie über Gerüchte und Tratsch im Dorf denkt und wie sie mit solchen Geschichten in der Befragung umgeht.

Das Ende des Romans
Stellen Sie sich vor, die Nachricht vom Selbstmord Georg Hauers macht im Dorf die Runde.
Zeigen Sie am Beispiel von ausgewählten Romanfiguren, wie die Menschen im Dorf auf diese Nachricht reagieren.

„Maria Lichtl, 63 Jahre, Pfarrersköchin"
Stellen Sie sich vor, in einer Besprechung des Romanmanuskripts im Rahmen einer Lektoratssitzung wird vorgeschlagen, auf diese Figur und ihre Aussagen (S. 105 ff.) zu verzichten. Diskutieren Sie das Für und Wider eines solchen Vorschlags.

Mich wird zum Zeugen des Verbrechens
Wie erlebt Mich die Tat? Zeigen Sie, wie die beiden Kapitel (S. 116 ff. und 119 f.) aufgebaut sind, und diskutieren Sie die Frage, ob man die beiden Kapitel nicht auch zu einem hätte zusammenfassen können.

Ein Urteil über *Tannöd*
„Andrea Maria Schenkel legt mit ihrem Debüt nicht nur einen dramatischen, literarisch reizvollen Kriminalroman vor. Sie zeichnet schonungslos und eindrücklich das Porträt einer bigotten und ganz und gar nicht idyllischen dörflichen Gemeinschaft mit einem dramatischen Beziehungsgeflecht, das schließlich zum Mord führt."
(Monika Hermeling. In: Die Berliner Literaturkritik, 23. 3. 2006)
Erläutern und diskutieren Sie diese Bewertung des Romans.

Vorschläge für Klassenarbeiten und Klausuren

Thomas Kürten

Bluttat auf dem Bauernhof

Andrea Maria Schenkel ist mit ihrem Roman *Tannöd* wohl die größte Überraschung seit Langem in der Deutschen Krimiszene gelungen. Mit gerade mal 120 Seiten Länge schafft es dieses Krimileinchen, nicht nur seine Leser in den Bann zu ziehen, sondern auch die Kritik zu begeistern: Unerklärlich, warum sich Fernseh-Literaturpäpstin Elke Heidenreich plötzlich mal wieder für einen Krimi erwärmen kann, wo dieses Genre ihrem Ermessen nach doch sonst nichts mit Literatur zu tun hat. Über mehrere Monate Spitzenpositionen in der KrimiWelt-Bestenliste, der Deutsche Krimi Preis 2007 und letztlich die Nominierung zum Glauser. Es scheint, als möchte sich niemand vorwerfen lassen, ein Juwel übersehen zu haben.

Und tatsächlich, *Tannöd* ist ein dramaturgisch sehr gut konzipiertes Werk. Die Erzählung erscheint zunächst ungeordnet, ist jedoch stringent und über die gesamte Erzählung konsequent durchgezogen. Auch die Art, wie die Autorin den verschiedenen, auftretenden Figuren durch individuelle Ausdrucksweise eine Kontur verpasst, wirkt authentisch.

Heiliger Stephanus, bitte für sie

Zum Inhalt in aller Kürze: In einem Dorf in Oberbayern hat sich auf dem entlegenen Tannödhof der Familie Danner eine grausame Bluttat ereignet, die gesamte Familie und die neue Magd wurden umgebracht. Von der Nachricht über dieses Verbrechen reist ein Interviewer zurück in das Dorf, das ihm im ersten Jahr nach Ende des Zweiten Weltkriegs (der Roman spielt Mitte der 50er Jahre) für einen Sommer ein Zuhause war. Dieser Interviewer unterhält sich zum einen mit den verängstigten Bewohnern des erzkatholischen Dorfes. Zum anderen wird in Schlaglichtern die Entwicklung des Tathergangs und die Entdeckung der Tat einige Tage später geschildert.

Den Roman liest man am besten in einem Rutsch. Dafür ist er auch ohne Weiteres geeignet, denn nach zwei Stunden hat das Lesevergnügen ein Ende. Aber genau auf diese Art kann sich die Stimmung von Grauen und Ungewissheit am besten entfalten. An einem Ort des Friedens hat der Teufel Einkehr gehalten – und er weilt noch mitten unter den Bewohnern des Ortes. Die Frage, wer es ist, klärt sich erst auf den allerletzten Seiten in einem allerdings ziemlich unspektakulären Finale. Bis dahin haben sich verschiedene Möglichkeiten ergeben, die für die nötige Spannung sorgen.

Wir bitten dich, erhöre uns

Bei allem Lob bleibt die Frage nach Kritikpunkten, und die gibt es bei *Tannöd* sicherlich auch. In erster Linie betreffen diese die „Litanei zum Troste der armen Seelen (zum Privatgebrauch)" aus einem „Andachtsbuch für die christliche Frau" aus dem Jahre 1922. In welchem Zusammenhang die Ausschnitte aus dieser Litanei mit der Handlung des Romans stehen, erschließt sich dem Leser nicht. Am ehesten könnte es sich hierbei um ein Gebet handeln, dass die alte Dannerin aus ihrem Gebetbuch am Küchentisch liest. Insgesamt sind diese acht Seiten jedoch einfach nur überflüssig und blähen das Werk auf. Bei 120 Seiten sind acht Seiten Litanei nämlich nicht gerade wenig.

Der zweite Kritikpunkt: Die Figur des Interviewers. Es wird nicht deutlich, mit welcher Intention diese Figur die Gespräche mit den Einwohnern des Dorfes führt. Ermittelt er als Polizist oder sucht er nach Informationen für eine Reportage in einer Zeitung? Beides scheint aufgrund der Auskunftsfreude der Befragten eher unwahrscheinlich. Will er einfach nur so seine Neugierde stillen und reist an eine Station seiner Jugend zurück? Mehr als eine halbe Seite zum Auftakt erfährt man nicht über diese geheimnisvolle Figur. Seine Fragen bleiben unbekannt, seine Wege im Dorf werden nicht nachverfolgt.

Es bleibt ein etwas zwiespältiges Gefühl zurück. Einerseits beweist die Autorin wirklich hohe Klasse, an anderen Stellen wirft der Roman Fragen auf, die das Werk unausgereift wirken lassen. Bleibt abzuwarten, was als Nächstes von Andrea Maria Schenkel zu erwarten sein wird. *Tannöd* ist ungewöhnlich erzählt und erhält so ein hohes Maß an Individualität und Wiedererkennungswert. Diesen Stil auf einen Nachfolger zu übertragen, dürfte schwer sein. *Tannöd* wirkt phasenweise schon wie ein Kleinod, aber erst mit einem Nachfolgeroman kann Andrea Maria Schenkel beweisen, ob in ihrer Feder eine Diamantenader steckt.

http://www.krimi-couch.de/krimis/andrea-maria-schenkel-tannoed.html (Stand: 2.10.2009)

Erläutern Sie die Kritikpunkte, die Thomas Kürten gegenüber dem Roman von Andrea Maria Schenkel anführt, und setzen Sie sich mit diesen Einwänden kritisch auseinander.

Quellenverzeichnis, Literatur- und Medienhinweise

Quellenverzeichnis

S. 14   Foto: Ansicht von Kirchveischede, Kreis Olpe im Sauerland (50er Jahre)

Leider ist es uns nicht gelungen, alle Rechteinhaber ausfindig zu machen.
Berechtigte Ansprüche werden selbstverständlich im Rahmen der üblichen Bedingungen abgegolten.

Literatur- und Medienhinweise

Zu *Tannöd*
Schenkel, Andrea Maria: Tannöd. Kriminalroman. Hamburg: Edition Nautilus 2006
Schenkel, Andrea Maria: Tannöd. Gelesen von Monica Bleibtreu. HörbuchHamburg 2006
Schenkel, Andrea Maria: Tannöd. Das Hörspiel. Audio-CD. HörbuchHamburg 2007 (Produktion des NDR Hamburg)

Leuschner, Peter: Der Mordfall Hinterkaifeck. Spuren eines mysteriösen Verbrechens. Hofstetten, Schloss: Apus-Verlag 2007 (3. überarbeitete und erweiterte Auflage)

Thielecke, Sonja: Andrea Maria Schenkel – Tannöd. EinFach Deutsch Unterrichtsmodell. Paderborn: Schöningh Verlag im Westermann Schulbuchverlag 2009

DVD (ab Juni 2010) EAN-Code: 4011976873280
Blue-Ray-Disc (ab Juni 2010) EAN-Code: 4011976316084

Zu den 50er Jahren
Deutschland nach dem Krieg. 1945–1955. GEO EPOCHE. Das Magazin für Geschichte Nr. 9/2002
Echternkamp, Jörg: Nach dem Krieg. Alltagsnot, Neuorientierung und die Last der Vergangenheit 1945–1949. Zürich: Pendo-Verlag 2003
Wolfrum, Edgar: Die 50er Jahre. Kalter Krieg und Wirtschaftswunder. Darmstadt: Wissenschaftliche Buchgesellschaft 2006

Zum Kriminal- und Detektivroman
Alewyn, Richard: Anatomie des Detektivromans. In: Jochen Vogt (Hrsg.): Der Kriminalroman. Zur Theorie und Geschichte einer Gattung, Bd. 2. München: Wilhelm Fink 1971 (Uni-Taschenbücher 81/82), S. 373 ff.
Klassische und moderne Kriminalgeschichten. Texte und Materialien ausgewählt und bearbeitet von Theo Herold. Klassische Schullektüre. Hrsg. von E. Mittelberg. Berlin: Cornelsen 1999 (Schülerband: 522300/Unterrichtskommentar: 522318)
Reclams Kriminalromanführer. Hrsg. v. Armin Arnold u. Josef Schmidt. Stuttgart: Reclam 1978
Vogt, Jochen (Hrsg.): Der Kriminalroman. Poetik. Theorie. Geschichte. 2 Bände. München: Fink 1998 (Uni-Taschenbücher 8147)

Zur *Brücke*
Die Brücke. Ein Film von Bernhard Wicki. DVD Video. Kinowelt Home Entertainment GmbH
Schaudig, Michael: Filmbegleitheft zu „Die Brücke". Ein Film von Bernhard Wicki. Unter Mitarbeit von Elisabeth Wicki-Endriss (zu beziehen durch Bernhard Wicki Gedächtnis Fonds e.V. Pagodenstraße 2/81247 München)